내 아들아 너는 인생을 이렇게 살아라

내 아들아 너는 인생을 이렇게 살아라

아버지가 아들에게 보내는 인생 최대의 교훈

필립 체스터필드 지음 | 권오갑 옮김

을유문화사

한 사람의 아버지가 백 사람의 교사보다 낫다

무한한 애정과 인간적 지혜로 가득 찬 '아들에게 보내는 편지'

이 책은 영국의 정치가이자 문필가인 필립 체스터필드(Philip Chesterfield；1694~1773)의 세계적 명저로 평가받고 있는 〈아들에게 보내는 편지(*Letters To His Son*)〉(1774)를 번역한 것이다.

우리 나라에서는 1989년에 처음 출간되어 청소년 교육에 관심이 있는 사람들과 부모님들 사이에 큰 반향을 불러일으켜 베스트 셀러로 자리잡았으며, 이번에 문장을 손질하고 판을 바꾸어 개정판을 선보이게 되었다.

체스터필드는 지금으로부터 약 300년 전 사람이다. 그가 활약했던 무렵의 영국은 당시의 총리인 로버트 월폴(Robert Walpole；1676~1745) 아래서, 1721년 이래 20년 이상이나 계속된 자유와 번영을 누렸다.

케임브리지 대학교를 중퇴한 체스터필드는 대륙 여행을 하며 파리에 오랫동안 머물렀다. 그 무렵 루이 14세 치하의 프랑스는 세계 제일의 문화 국가였다. 그에 비해 연달아 대륙으로부터 수입된 영국 왕은 영어도 할 줄 모르는 상태였고, 경제적으로도 가난했다. 〈걸리버 여행기〉로 유명한 조나단 스위프트(Jonathan Swift；1667~1745)는 당시 영어가 야만적인 데 화를 냈으며, 새뮤얼 존슨(Samuel Johnson: 1709~1784)이 1755년에 맨 처음으로 권위 있는 영어 사전을 만들어 낸 시대였다.

젊은 시절을 파리에서 보낸 체스터필드가 프랑스의 교양·취미·생활 방식에 평생 존경을 표시한 것도 무리가 아니다. 1726년에 백작가를 계승한 그는 1728년 네덜란드 대사가 되어 1732년까지 헤이그에 주재하였다. 그 동안에 한 여성과의 사이에서 태어난 사내아이가 필립 스탠호프(Philip Stanhope)인데, 바로 그가 체스터필드로부터 편지를 받은 '아들'이었다.

스탠호프는 체스터필드가 네덜란드를 떠난 1732년에 출생했다. 체스터필드는 그 후 정계에 들어가서, 1745년부터 1746년에 걸쳐서는 아일랜드 총독, 1746년부터 1748년에 걸쳐서는 대신을 지냈다. 그러나 얼마 안 가, 귀가 잘 들리지 않게 되어 서서히 정계로부터 물러났다.

체스터필드나 월폴의 시대는 중상주의의 시대라고 불려진다. 부유한 시민과 근대적인 지주를 기반으로 하여 의회 제도를 확립하여, 외국과의 조약도 맺지 않고 전쟁도 하지 않았다. 영국은 대국 프랑스와의 협조를 제일로 삼았고, 이렇게 해서 얻은 돈을 모두 경제 발전에 쏟아부었다. 제임스 와트(James Watt; 1736~1819)에 의한 증기 기관의 개량 및 그 밖의 과학들이 발전하여 체스터필드가 사망할 무렵에는 이미 영국은 세계 제일의 공업국이며, 의회주의의 국가가 되어 있었다.

프랑스의 아카데미 프랑세즈(Académie Française)와 같은 공적 기관에 의지하지 않고, 존슨이 상업적으로 최초의 권위 있는 영어 사전을 만들 수 있었던 것도 이러한 역사적 배경이 있었기 때문이다.

체스터필드와 그의 시대에 관해서 이렇게 자세하게 설명하는 것은 이 책에 대한 이해가 깊어지기를 바라기 때문이다. 그가 살았던 시대의 영국과 현재의 한국은 아주 비슷한 점이 많으며, 그만큼 이 책이 한층 더 현대 한국 젊은이들에게 큰 도움이 된다고 생각하기 때문이다.

그의 시대가 중상주의 시대였고, 그가 정치가였기 때문에, 이 〈내 아들아, 너는 인생을 이렇게 살아라〉는 인간적 지혜로 가득 차 있다. 이것은 그가 이 책 속에서도 경멸하고 있는, 서재 속에만 틀어박혀 있는 학자는 감히 짐작하거나 알 수 없는 세계이다.

예를 들면 그는 모든 사람은 자존심을 가지고 있으며, 남에게 무엇인가를 부탁할 때는 그 자존심에 호소하는 것이 좋다고 말하고 있다(제7장).

과연 그다운 사고 방식이다. 이 점을 지적하여 체스터필드나 이 책을 비난하는 사람도 있다. 그러나 그 비난은 타당하지 않다. 남에게 무엇을 부탁하기 위해서 갑자기 아첨을 해 본들, 그 사람이 이 〈내 아들아, 너는 인생을 이렇게 살아라〉를 읽었을 경우에는 그 아첨에 속아 넘어가지 않기 때문이다.

곧 이 책은 '아첨을 하라' 고 가르치는 책이 아니라, '아첨에 속지 말라' 고 가르쳐 주는 책인 것이다. 결국, 남에게 무엇을 부탁하여 성공하기 위한 최선의 방법은, 부탁하기에 앞서 그 사람과의 오랜 교제로 그 사람의 신용을 얻는 일이다. 그 신용을 어떻게 하면 얻을 수 있는가를 이 책은 가르쳐 준다. 오랫동안 이 책이 영국의 상류 사회에서 젠틀맨십〔紳士道〕 교과서로서 사용된 것도 이러한 이유에서이다.

아버지로부터 이러한 훌륭한 편지를 받은 아들이 그 후 어떻게 되었는지는 자세하게 아는 바 없다.

그러나 영국의 뜻있는 사람들은 모두 이 책을 읽었다. 그 결과, 이후 영국은 번영하여, 예를 들어 1859년에는 새뮤얼 스마일스(Samuel Smiles)의 〈자조론〉, 존 스튜어트 밀(John Stuwart Mill)의 〈자유론〉, 찰스 다윈(Robert Charles Darwin)의 〈종의 기원〉이 같은 해에 출판되는 일까지 일어났다.

그러므로, 이 책으로부터 인생의 교훈을 얻은 한국의 젊은이들이 분발하여 제2의 스마일스, 밀 그리고 다윈이 되어 주기를 바라 마지않는다.

권오갑

차 례

성인이 된 후, 좋은 스승과 좋은 친구를 만나 많은 은혜를 받았지만,

그보다는 아버지로부터 받은 사랑과 교훈과 모범이 얼마나 훌륭하였던가.

발포어(Balfour: 1848~1930, 영국의 정치가)

제 1 장

내 아들에게

'지금 이 때를 어떻게 살아가는가?' 가 너의 인생을 결정한다.

1

지금이야말로 네 인생의
기반을 닦을 때다

 네가 지금 무엇보다도 명심해 주기
바라는 것이 있는데, 그것은 시간의 귀
중함을 알고 올바로 사용하는 것이다.
이것을 진실로 알고 있는 사람은 많지
않다. 사람들은 누구나 입으로는 '시
간은 귀중하다'고 말한다. 하지만 정말로 시간을 귀중하게 사용하고 있는
사람은 그리 많지가 않다.

시간을 태연히 시궁창에 버리듯 허비하고 있는 사람들조차도, 시간은 참
으로 귀중하다든가, 무심코 있으면 시간은 눈 깜박할 사이에 지나가 버린
다며, 입으로는 별의별 소리를 다한다. 확실히 시간에 관한 격언은 너무도
많아서 그것을 적당히 주워서 입에 담기는 쉽다.

사람들이 이렇게까지 시간에 관심을 갖게 된 것은 유럽 곳곳에 설치된

그럴싸한 해시계의 영향을 받았기 때문은 아닐는지? 날마다 사람들은 그것을 보고서 시간을 잘 사용하는 일이 얼마나 중요하며, 한 번 잃어버린 시간을 되찾기란 얼마나 어려운가를 실감하고 있는 것이다.

하지만 이러한 교훈도 단순히 이해하는 것만으로는 충분치 않다. 몸소 남에게 가르칠 수 있을 정도로 교훈을 체득하고 있지 않다면, 진실로 시간의 가치를 이해하고 사용법을 알고 있다고는 말할 수 없다.

그런 점에서, 너의 시간 사용법을 보면 너는 시간의 귀중함을 잘 알고 있는 것 같다. 이것은 아주 중요한 일이다. 알고 있느냐 모르고 있느냐에 따라서 앞으로의 네 인생은 하늘과 땅만큼의 차이가 생길 것이다. 그러므로 너에게 시간에 관해서 이러쿵저러쿵 말할 생각은 없다. 그러나 또 한 가지, 앞으로 긴 일생 중의 한 기간—즉, 앞으로 2년간의 일이지만—에 관해서 조금 이야기하고자 한다.

먼저, 18세가 되기까지는 지식의 기반을 닦기 바란다. 그렇지 못하면 그 이후의 인생을 네가 마음먹은 대로 살기는 어려울 것이다. 지식이란 것은 나이 들었을 때의 휴식처가 되고 도피처가 되는 법이다.

지금 이 순간을 헛되게 보내면 일생 동안 크게 후회한다

나는 은퇴 후에도 책에 둘러싸인 채 보낼 생각이다. 지금 내가 이렇게 누구의 방해도 받지 않고 책 읽기의 즐거움에 젖을 수 있는 것도 네 나이 무렵에 어느 정도 공부했기 때문이라고 생각한다. 좀더 열심히 공부했더라면, 이 만족감은 더 컸을지도 모른다. 아무튼 이렇게 속세를 떠나 독서에서 안식을 찾을 수가 있는 것이다.

나는 젊었을 때 어느 정도 지식을 축적해 두기를 잘했다고 생각하고 있다. 그렇다고 해서, 놀았던 시간이 헛되었다는 뜻은 아니다. 논다는 것은 인생에 흥취를 더해 주는 것이며, 젊은이들의 기쁨이기도 하다. 나도 젊었을 때는 맘껏 놀았다. 만일 그렇지 않았더라면 지금쯤은 논다는 것을 잘못 평가하고 있을 것이다. 인간은 자기가 모르는 일에는 흥미를 갖고 싶어하니까 말이다.

그렇지만 다행히도 나는 충분히 놀았기 때문에 논다는 것이 어떠한 것인가를 알고 있으며, 후회하는 일도 없다. 그와 마찬가지로, 나는 일하는 데 소비한 시간이 헛된 시간이었다고 생각한 적도 없다. 일을 실제로 해 보지 않고 겉으로밖에 보지 못하는 사람은 그것이 굉장할 것 같은 생각이 들어서 자기도 한 번 해 보고 싶다고 생각하는 법이다. 그렇지만 실제는 그런 것이 아니다. 그것은 실제로 해 본 사람이 아니면 모른다.

다행히도 나는 일에도 놀이에도 정통하였다. 곁에서 보고 있었던 사람들이 놀라 탄성을 자아내기도 하고 한숨을 쉬기도 하는 놀이나 일의 뒷면도 잘 알고 있다. 그러므로 후회하기는커녕, 잘했다고 생각하고 있다. 하지만 내가 오직 한 가지 후회하고 있고, 앞으로 후회하리라 생각되는 것이 있다. 그것은 젊었을 때 나태하게 지내 버린 시간이다.

앞으로 2년간은 너의 인생에 있어 대단히 중요한 시기이다. 그래서 아버지는 목이 쉬도록 호소하고 싶다. 이 기간을 뜻있게 보내기 바란다. 지금 네가 아무 일도 하지 않고 지낸다면 그만큼 지식의 양도 줄 것이고 인간 형성에 있어서도 손실이 크다. 반대로 뜻있게 보낸다면, 그러한 시간들이 쌓이고 쌓여서 큰 이자가 붙어 되돌아온다.

앞으로 2년간은 네 학문의 기반을 닦아야 한다. 일단 기반을 닦아 놓으면 그 다음은 언제든지 원하는 때에 원하는 만큼의 지식을 덧칠해 갈 수 있다. 나중에 정작 필요한 때가 되어 학문의 기초를 다지려고 해도 그 때는 이미 늦다.

그리고, 젊었을 때 기반을 닦아 놓지 않으면 나이가 들었을 때 매력 없는 인간이 되어 버린다. 나는 네가 일단 사회에 나가면 책을 많이 읽으라고는 말하지 않을 작정이다. 무엇보다도 그럴 시간이 없을 것이다. 설령 있다 하더라도, 이미 책만 읽고 있을 수 있는 신분은 아닐 것이다.

그러므로 네 인생에 있어서 지금이 유일한 면학의 시기, 누구의 방해도 받지 않고 마음껏 지식을 축적할 수 있는 시기이다. 하지만 너도 때로는 책 앞에 앉으면 진절머리가 날 때가 있을 것이다. 그럴 때는 이렇게 생각해라.

'이것은 어차피 한 번은 통과해야 하는 길, 한 시간이라도 더 버티면 그만큼 빨리 목적지에 도달한다. 그만큼 빨리 자유로워지게 된다.'

빨리 자유로워지느냐 못 되느냐는 오로지 시간을 어떻게 사용하느냐에 달려 있다.

2

자기의 향상에 '지나친 노력'은 없다

 건강은 절제된 생활만 한다면 너의 나이에는 특별한 운동을 하지 않아도 충분히 유지된다. 그러나 두뇌는 그렇게는 되지 않는다. 너의 나이에는 특히, 평상시의 절제하는 마음가짐—때로는 두뇌를 쉬게 하는 등의 물리적인 것도 포함해서—이 필요하다. 지금이 시간을 효과적으로 사용하느냐 못하느냐가 요점이며, 그것이 장래의 두뇌 활동에 큰 영향을 미친다.

그것뿐이 아니다. 두뇌를 명석하고 건강한 상태로 유지하기 위해서는 상당한 훈련이 필요하다. 훈련된 두뇌와 그렇지 못한 두뇌를 비교해 보면 알 수 있다. 그렇게 해 보면 너도 자신의 두뇌를 훈련하기 위해서는 아무리 많은 시간을 쏟아붓고 아무리 많은 노력을 해도 좋다고 생각하게 될 것이다.

물론, 때로는 훈련 따위는 하지 않았는데도 자연적인 힘만으로 천부적인 재질이 나타나는 수도 있기는 하다. 하지만 그런 일은 흔하지가 않으므로 무작정 그것을 기대하고 기다릴 수는 없는 노릇이다. 게다가, 만일 그러한 천부적인 재질이 더 한층 훈련을 받는다면, 더 위대하게 될 것은 뻔한 일이다.

그러므로 아직 늦기 전에 단단히 지식을 축적하여 두도록 노력을 아끼지 말기 바란다. 그것을 할 수 없다면 너는 출세는 고사하고 평범한 인간조차 되지 못할 것이다.

너의 입장을 생각해 봐라. 너에게는 출세의 발판이 될 지위도 재산도 없다. 나도 언제까지 정계에 있을지 모른다. 아마, 네가 순조롭게 이 세계에 들어올 무렵이면 나는 은퇴해 있을 것이다.

그렇다, 너는 무엇에 의지하겠느냐? 무엇을 기대하겠느냐? 자기의 힘밖에는 없을 것이다. 그것이 출세의 유일한 길이 될 것이며, 또 그렇게 되지 않으면 안 된다. 물론 너에게 그만한 힘이 있다면 말이지만—

나는 종종, 자기는 뛰어난 인간인데 사회로부터 인정을 받지 못했다거나, 그에 상응하는 보상을 받지 못했다는 말을 듣기도 하고, 책에서 읽는 일도 있다. 그러나 내가 알고 있는 한은 실제로는 그런 일은 없었다. 반드시라고 말해도 좋을 만큼, 어떠한 역경에 처하더라도 뛰어난 사람은 어느 정도의 성공을 거두고 있다.

머지않아 사회에서 성공하는 날을 위하여

  '뛰어나다'라고 내가 여기에서 말하는 것은 지식과 식견이 있고 태도도
훌륭한 사람을 말하는 것이다. 식견이 얼마나 중요한가 하는 것은 새삼스
럽게 말할 필요도 없을 것이다. 굳이 한 마디 하자면, 식견을 갖지 못한 사
람은 쓸쓸한 인생을 살아가게 된다. 지식에 관해서는 여러 번 말하는 것 같
지만, 자신이 무엇을 목표로 삼든지간에, 몸에 익혀 두지 않으면 안 된다.
  태도는 지금 제시한 요소들 중에서는 가장 대수롭지 않은 것일지도 모른
다. 그렇지만 뛰어난 인간이 되기 위해서는 빼놓을 수 없는 요소이다. 태도
가 어떠냐에 따라서, 지식이나 식견이 빛나기도 하고 흐려지기도 한다. 어
떤 목표를 달성하는 데 도움이 되기도 하고 방해가 되기도 한다. 그리고 사
람의 마음을 가장 잡아끄는 것도 유감스럽지만 지식이나 식견이 아니라 그
사람의 태도인 것 같다. 내가 기회 있을 때마다 네게 써 보낸 사연들, 그리
고 앞으로 써 보낼 사연들에 부디 진지하게 관심을 기울여 주기 바란다. 그
것들은 오랜 경험 끝에 내가 얻어 낸 지혜의 결집이다. 너에 대한 애정의 증
거이다. 나는 너 아닌 다른 사람에게는 누구에게도 조언을 할 생각이 없다.
  너는 아직 내가 네 앞날을 생각하고 있는 마음의 절반도 너 자신을 위해
서 무엇인가를 할 수는 없다. 그러므로 지금은 나의 충고가 어떻게 도움이
되는지 모르겠지만, 잠시 참고 내가 하는 말에 따라 주기 바란다. 그렇게 하
면 언젠가는 나의 충고가 헛된 것이 아니었다는 것을 아는 날이 올 것이다.

아이에게는 비평보다는 모범이 필요하다.

주베르(Joubert: 1754~1824. 프랑스의 모럴리스트)

제 2 장

'인간의 그릇'을 크게 만들려면
어떻게 살아야 하는가?

'남이 하는 정도'로 만족하면 발전은 없다. 먼저, 욕심을 크게 갖고,
다음은 의지의 힘, 집중력을 쏟아라.

1

'이렇다 할 노력을 하지 않고' 자란 거목은 없다

태만에 관해서 너에게 말해 두고 싶은 것이 있다. 나의 애정은 너도 알고 있다시피 나약한 어머니의 애정과는 다르다. 나는 자기 자식의 결점에서 눈을 돌리는 따위의 짓은 하지 않는다. 그 반대다. 결점이 있으면 그것을 재빨리 발견한다. 그것이 어버이로서의 나의 의무이며 특권이라고 생각하고 있기 때문이다. 한편, 그 지적된 점을 고치려고 노력하는 것이 자식인 너의 의무이며 권리라고 생각하는데, 너는 어떻게 생각하느냐?

다행히도, 이제까지 내가 보아 온 범위에서는 성격 면이나 재능 면에서 너에게는 이렇다 할 문제는 없었다. 다만, 조금 태만한 점과 주의가 산만하며 무관심한 태도가 있는 것 같은 생각이 든다. 그러한 일들은 육체나 정신이 쇠약한 노인이라면 몰라도—왜냐하면 인생의 황혼기를 맞이한 노인이 평온한 여생을 보내기를 원하는 것은 무리가 아니니까 말이다—젊은이에게는 절대로 용서할 수 없는 일이다.

젊은이는 남보다 뛰어나고자, 남보다 빛나고자 노력하지 않으면 안 된다. 기민하고 활동적이고 무엇을 하든지 간에 끈기가 있어야 한다. 카이사르(Caesar; 100~44 B.C. 로마 최대의 정치가)도 말했듯이 '훌륭한 행동이 아니면 행동이라고는 말할 수 없는 것'이다.

너에게는 용솟음치는 활기 같은 것이 결여되어 있는 것 같다. 그러한 활기가 있어야 주위 사람들을 즐겁게 해 주려고 노력하는 법이고, 남보다 뛰어나고 빛나고자 노력하는 법이다. 말해 두거니와, 존경받을 만한 가치가 있는 인간이 되고 싶다면 그렇게 되기 위한 노력을 해야 한다. 그렇게 하지 않고서는 결코 존경받는 인간이 될 수 없다. 이것은 진실이다. 남을 즐겁게 하려고 마음을 쓰지 않으면 남을 즐겁게 만들 수 없는 것과 똑같은 일이다.

사람은 누구나 자신이 되고자 하는 바를 이룰 수 있다고 나는 생각한다. 보통의 지력(知力)을 갖고 있는 사람이라면, 능력을 개발하고 집중력을 배양하고 노력을 게을리하지 않으면—시인은 다르지만—되고 싶은 대로 될 수 있다.

너는 장래, 어지럽게 격동하는 큰 사회의 일원이 될 것이다. 그러기 위해서 지금 해야 할 일은 무엇인가? 그것은 세계 각국의 정치 정세, 각국간의 이해 관계, 경제 상태, 역사, 관습 등에 관한 지식을 갖는 일이다. 지식을 쌓는 일은 보통의 두뇌를 가진 사람이 보통으로 힘을 쏟기만 하면 할 수 있다. 그것을 할 수 없다는 것은 용서할 수 없다. 자기가 무엇을 해야 하는가를 알고 있는데 그것을 하지 않는 것은 태만 이외의 아무것도 아니기 때문이다.

'조금만 더 밀고 나가자'는 욕심이 없으니까 발전이 없는 것이다

태만한 사람은, 일을 끝까지 밀고 나가는 노력을 하지 않는다. 조금만 까다롭거나 귀찮거나 하면(사실은, 터득하거나 체득할 가치가 있는 것은 다소의 어려움이나 귀찮음이 따라다니게 마련인데) 쉽게 좌절하고 목적을 달성하기 직전에 체념하여, 안이하게 결과적으로는 수박 겉핥기에 불과한 지식을 얻은 데 만족해 버린다. 조금 더 참고 노력하느니 바보가 좋다, 무지(無知)가 좋다고 생각하는 것과 다름없다.

이런 사람은 대개의 일들을 '할 수 없다'고 생각하고, '할 수 없다'고 말한다. 실제로 진지하게 부딪쳐 보면 정말로 할 수 없는 일은 그리 많지 않은데도 말이다. 이런 사람들에게는 어려운 일이 곧 불가능한 일이다. 자신의 태만을 변명하기 위하여 그렇게 생각하는 체하고 있는 것이다.

그들에게는 한 가지 일에 한 시간 집중하는 것도 고통이다. 그러므로 무슨 일이든 처음에 받아들인 대로 해석한다. 여러 방면에서 생각해 보지 않는다. 결국 깊이 생각하지 않는 것이다. 이런 사람이, 통찰력이나 집중력을 겸비한 사람을 상대로 이야기하기 시작하면, 금세 무지와 태만이 훤히 드러나게 되고, 횡설수설 종잡을 수 없는 답변밖에 할 수 없게 된다.

그러므로 맨 처음에 어렵고 귀찮은 일이라고 생각되어도 포기해서는 안 된다. 이와는 반대로, 분발하여 성인이라면 누구나가 알고 있어야 할 일은 철저하게 알아내고야 말겠다고 마음먹기 바란다.

전문 분야 이외의 '상식'도 알아두는 것이 중요하다

지식 중에는 어떤 특정한 직업을 가진 사람에게는 필요하고 그 밖의 사람에게는 필요치 않은 것도 있다. 이를테면 항해학 같은 전문 지식은 평상시의 대화 중에서 적당히 질문하면 얻을 수 있는 정도의 표면적이고 일반적인 지식만으로 충분할 것이다.

하지만, 어떠한 직업을 가진 사람도 공통적으로 알아 두지 않으면 안 되는 것들은 철저하게 알아 두는 것이 좋다. 어학, 역사, 지리, 철학, 논리학, 수사학(修辭學) 등이 그럴 것이다. 너의 경우는 그 외에 유럽 각국의 정치 형태, 군사, 민사(民事)에 관한 지식이 필요하다. 이 광범위한 지식 체계를 자신의 것으로 만들기는 손쉬운 일은 아니며, 조금은 노력도 필요할 것이다. 그렇지만 한 가지 한 가지, 꾸준히 공부하면 불가능한 것은 아니다. 그리고 그 노력이 결국은 보답을 받는단 말이다.

다시 말하지만, 너는 어리석은 사람들이 곧잘 입에 담는 '나는 그런 일을 할 수 없다'고 하는 변명의 말을 쓰지 않기 바라며, 또한 쓰지 않으리라 믿고 있다. 정신적으로나 육체적으로나 '할 수 없는' 일은 없다. '한 가지 일에 오랜 시간 집중할 수 없다'고 말하는 것은 '나는 바보입니다, 하기 싫습니다'라고 말하는 것과 같은 것이다.

내가 알고 있는 사람 중에 자기의 칼을 어떻게 몸에 차야 할지 몰라 식사

할 때마다 그것을 풀어 놓고 있는 사람이 있었다. 칼을 찬 채로는 식사를
할 수 없다는 것이다. 나는 이렇게 말하지 않을 수 없었다.

"칼을 풀어 놓는다는 것은, 식사 중에는 자신에게도 다른 동석자에게도
절대로 위험한 일이 일어나지 않는다고 당신이 보증한다는 뜻입니다."

아무튼, 다른 모든 사람들이 태연하게 하고 있는 일을 '할 수 없다'고
말하는 것은 정말로 부끄러운 일이며 또한 어리석은 일이라고 생각지 않
는가.

2

작은 일을 소홀히 하지 않는
사람이라야 성공한다

 세상에는 하찮은 일로 일년 내내 바쁘게 살아가는 사람이 있다. 그들은 무엇이 중요하며 무엇이 중요하지 않은가를 모른다. 그리하여 중요한 일에 소비해야 할 시간과 노력을 시시한 일에 쏟아 버리고 있는 것이다. 이러한 사람은 누군가를 만나서 이야기할 때도 입고 있는 옷에만 마음을 빼앗겨, 상대방의 인격을 보지 않는다. 연극을 보러 가도 그 내용보다는 외부의 장식에 눈을 빼앗겨 버린다. 정치에 대해서도, 정책이 이렇다 저렇다 말하기보다는 형식에 얽매여 버린다. 이래서는 안 된다.

그런데 똑같이 하찮은 일이라도, 그것이 없으면 호감을 살 수도 없고 사람을 즐겁게 할 수도 없는 것이 있다. 이런 것은 훌륭한 인간이 되기 위하여 지식이나 식견을 넓히고, 훌륭한 태도를 몸에 익히려고 생각하는 것과 마찬가지로, 아무리 사소한 것이라도 노력하여 몸에 익히도록 하는 것이 좋다. 조금이라도 해 볼 가치가 있다고 생각되는 것은 훌륭하게 성취할 만한 일이다. 그리고 훌륭하게 성취하기 위해서는 무엇보다도 먼저, 그것에 주의를 기울이지 않으면 안 된다. 그러므로 너에게 권고하고 싶다. 예를 들어 춤이나 복장 같은 사소한 것에까지 신경을 쓰도록 하라.

춤은 때와 경우에 따라서는 젊은이들이 알고 있어야 하는 것이 되어 가고 있다. 그렇다면 춤을 배울 때는 단정한 마음으로 배울 일이다. 우스꽝스러운 동작이라고 무시해서는 안 된다. 복장에 관해서도 마찬가지다. 사람은 모두 옷을 입어야 한다. 그렇다면 단정하게 입는 것이 좋다.

눈앞에 있는 사물이나 인물에서 눈을 돌리지 말아라

보통, 주의가 산만하다는 말을 듣는 사람은 대개 머리가 모자란 사람이거나 마음이 딴 곳에 가 있는 사람이다. 어느 편이든 자리를 함께하고 있어도 즐겁지 않을 것임에는 틀림없다. 그러한 사람은 모든 면에서 예의에 어긋나 있다. 이를테면 어제는 다정하게 굴었던 사람에게 오늘은 모르는 체한다. 모두가 함께 잡담을 나누고 있어도 그 속에 끼어들지 않는다. 그뿐만 아니라 때때로 갑자기 생각난 듯이 자기 멋대로 대화에 끼어든다. 이것은 한 가지 일에 정신을 집중시키지 못하는 증거이다. 그렇지 않다면 보다 더 중요한 다른 일에 마음을 빼앗기고 있다고 생각할 수밖에 없다.

확실히 아이잭 뉴턴(Isaac Newton; 1642~1727. 영국의 물리학자, 천문학자)을 비롯하여, 천지 창조 때부터 오늘날까지 나타난 천재들은 주위에 아무리 많은 사람이 있어도 사색에 몰두하는 것이 허용되었는지도 모른다. 그렇지만 그러한 면죄부를 가지고 있지 않은 일반인은 그래서는 안 된다. 조금이라도 그러한 흉내를 냈다가는 당장 보통의 바보 인간이 되고, 결국에는 동료들로부터 소외되어 버린다.

부주의한 사람, 주의가 산만한 사람만큼 함께 있어서 불쾌한 사람은 없다고 생각한다. 그것은 상대방을 모욕하는 것과 다름없는 것이다. 모욕은 어떤 사람에게 있어서나 용서할 수 없는 일이다. 너도 생각해 봐라. 자기가 존경하고 있는 사람, 사랑하고 있는 사람을 앞에 두고 정신이 흐트러질 수 있겠는가? 그럴 리가 없다. 요컨대, 어떠한 사람이라도 주목할 만한 가치가 있다고 생각되는 사람에 대해서는 정신을 집중할 수 있는 법이다. 그리고 어떠한 경우든 간에, 주목할 만한 가치가 없는 상대는 없는 것이다.

내 생각을 말하자면, 마음이 딴 곳에 가 있는 사람과 함께 있으니 차라리 죽은 사람과 함께 있는 편이 낫다. 적어도 죽은 사람은 나를 바보 취급하지 않는다. 그런데 정신이 멍해져 있는 사람은 나를 주목할 만한 가치가 없는 인간이라고 무언중에 단언하고 있는 것이다.

가령 그것이 허용된다 하더라도, 정신이 산만한 사람이 과연 함께 있는 사람들의 인격이나 태도, 그 고장의 관습 따위를 정확히 관찰할 수 있을 것인가. 할 수 없을 것이다. 그런 사람은 설령 평생 동안 훌륭한 사람들에게 둘러싸여 있다 하더라도(물론 그분들이 받아들여 주어야 하지만 나 같으면 절대 사절이다) 무엇 하나 얻는 것 없이 끝나 버릴 것이다. 그리고 현재 해야 할 일, 하고 있는 일에 정신을 집중시키지 못하는 사람은 훌륭한 일을 할 수도 없을 것이며, 좋은 말상대도 되지 못할 것이다.

〈걸리버 여행기〉에서 배울 수 있는 주의력 산만의 희비극

나는 너의 교육을 위해서는 단 한푼도 아낄 생각은 없지만(그것은 경험상, 너도 충분히 알고 있을 것이다) 그렇다고 해서 너를 위하여 이른바 주의 환기인(注意喚起人)을 고용할 생각은 없다. 주의 환기인에 관해서는 너도 조나단 스위프트(Jonathan Swift; 1667~1745. 영국의 풍자 작가)가 쓴 〈걸리버 여행기〉 속에서 읽었을 것으로 안다.

걸리버에 의하면 라퓨타 사람들 중에는 언제나 깊은 사색에 잠겨 있는 철학자가 있는데 그들은 주의 환기인이 발성 기관이나 청각 기관을 직접 건드려 주지 않으면 말할 수도 없고 사람의 말을 들을 수도 없다고 한다. 그래서 생활에 여유가 있는 집에서는 하인 중의 한 사람에게 그 일을 맡기고 있다고 한다.

주인들은 주의 환기인 없이는 나돌아다닐 수도, 다른 집을 방문할 수도 없고 산책을 할 수도 없다. 왜냐하면 사색에 잠겨 있다가 어떤 위험에 처하게 될 때 눈꺼풀을 가볍게 건드려서 그것을 알려 주지 않으면, 언제 낭떠러지에서 발을 헛디딜지, 기둥에 머리를 부딪힐지 모르기 때문이다. 또 길거리를 걸을 때는 언제 사람에게 부딪힐지, 언제 개집을 발로 걷어찰지 모르기 때문이다.

물론 나는 네가 라퓨타 사람들처럼 깊은 사색에 잠겨 주의가 산만해질 것이라고는 티끌만큼도 생각하고 있지 않다. 너의 경우는 오히려 머리가 텅텅 비는 편이겠지만, 그렇다고 해서 너무나 부주의하여 주의 환기인이 필요한 사태가 일어나지 않도록 조심하여라.

3

상대편도 너만큼 '자존심' 을 가지고 있다.

주의 환기인까지야 필요 없겠지만, 너는 주위 사람들에 대한 주의력이 부족하다. 주의력이 부족하다는 것은 네가 그 사람들을 바보 취급하고 있다는 것이다. 여러 번 한 이야기지만, 세상에는 바보 취급해도 좋을 정도로 사려가 없고 쓸모없는 인간은 없는 법이란다.

물론, 이 세상에는 많은 사람이 있다. 그 중에는 어리석은 사람도 있고 칠칠치 못한 사람도 많이 있을 것이다. 그러한 사람들을 존경하라고 말하지는 않겠다. 그러나 바보 취급해서는 안 된다. 노골적으로 바보 취급하면 결과적으로, 자기 신세를 망칠 수도 있다. 마음 속으로 상대방을 싫어하는 것은 자유지만, 필요도 없는데 그런 마음을 내보일 것까지는 없다. 그것은 비겁한 일이라고 할 수 없다. 오히려 때로는 현명한 태도이다.

왜냐하면 그러한 사람들이라 해도 언젠가는 너의 힘이 되어 줄 때가 올지도 모르기 때문이다. 그럴 때, 네가 단 한 번이라도 그 사람을 바보 취급한 적이 있다면 상대방은 너의 힘이 되어 주지 않을 것이다. 나쁜 짓은 용서받을 수 있지만, 모욕은 용서받을 수가 없다. 사람에게는 자존심이라는 것이 있어서, 그 자존심이 언제까지나 바보 취급당한 일을 기억하고 있는 것이다.

바보 취급당한다는 것은 때로는 우리들이 자기가 지은 죄 이상으로 숨겨 두고 싶은 자기의 약점이나 결점을 노골적으로 건드리는 일과 관련이 있다. 이것은 괴로운 일이다. 실제로 자기의 잘못을 친구들에게 말하는 사람은 많이 있지만, 아무리 친한 친구라고 해도 자기의 약점이나 결점을 말하는 사람은 본 일이 없다.

그와 마찬가지로 잘못을 지적해 주는 친구는 있어도 이쪽의 어리석음을 노골적으로 건드리는 사람은 없을 것이다. 자기 스스로 말을 하는 것이나, 남으로부터 지적받는 것이나, 자존심이 크게 상한다는 것을 알고 있기 때문이다.

어떠한 사람이라도 약간의 모욕을 느끼면 그것에 분개할 만큼의 자존심은 가지고 있다. 그러므로 평생의 원수를 만들고 싶지 않거든, 아무리 모욕을 받아 마땅한 인간이라고 생각되더라도 그것을 겉으로 드러내서는 안 된다.

대수롭지 않은 부주의한 말 한 마디가 평생의 원수를 만든다

우월감을 보여 주고 싶어서, 혹은 주위 사람들을 기쁘게 하고 싶어서 남의 약점이나 단점을 폭로하는 젊은이들이 종종 있다. 그러나 이런 일만큼은 절대로 해서는 안 된다. 그러한 유혹을 이겨내야 한다. 그런 짓을 하면 확실히 그 때는 주위 사람들을 웃길 수가 있을지 모른다. 그렇지만 그런 일로 해서 너는 평생의 원수를 만들게 된다. 게다가, 그 때는 너와 함께 웃었던 친구들도 나중에 그 때 일을 떠올리면 꺼림칙해질 것임에 틀림없다. 그리하여 결국은 그들도 너를 싫어하게 될 것이다.

무엇보다도 그것은 품위가 없는 일이다. 마음씨가 고운 인간이라면 남의 약점이나 불행을 비호하면 했지, 공개적으로 떠들어대지는 않는다. 만일 너에게 기지가 있다면 그 기지는 남의 마음에 상처를 주기 위해서가 아니라 남을 유쾌하게 하는 데 쓰도록 해라.

4

'자신의 가치관' 만으로
세상을 헤아리지 말라

 네가 보낸 8일자 소인이 찍힌 편지를 받았다. 네가 로마 가톨릭 교회에 관해 꾸며 낸 어리석은 이야기를 듣고, 또 그것을 맹신하고 있는 신도들을 보고서 놀란 기분은 잘 알겠다.

그렇지만 아무리 잘못된 생각이라도 본인들이 진심으로 그렇게 믿고 있는 한은 결코 웃거나 책망하거나 하면 안 된다.

분별이 흐려져서 눈이 보이지 않게 된 사람은 불쌍한 사람들이다. 웃음거리가 될 만한 일이나 책망을 받을 만한 일을 해서 그렇게 된 것은 아니다. 그러므로 상냥한 마음으로 대하고, 될 수 있으면 서로 대화를 통해 올바른 방향으로 인도해 주는 마음가짐으로 대하는 것이 좋다. 결코 비웃거나 책망하거나 해서는 안 된다.

인간은 제각기 자신의 생각에 따라서 행동하는 법이다(또 그렇게 해야만 한다). 그것을 자신의 생각과 완전히 똑같아야 한다고 생각한다는 것은 상대의 체형이나 몸집이 자기와 똑같아야 한다고 생각하는 것처럼 교만한 일이다. 인간은 제각기 자신이 옳다고 생각하며 살아가고 있다. 그런데 정말로 누가 옳은가를 알고 있는 것은 하느님 한 분뿐인 것이다.

그러므로 자신의 생각과 다르다고 해서 남을 바보 취급하는 것은 우스운 일이며, 자신이 믿고 있는 것과 다르다고 해서 이교도 취급을 하며 박해하는 것은 우스운 일이다. 인간은 자신이 생각하는 대로밖에 생각할 수 없으며, 믿는 대로밖에 믿을 수 없는 생명체인 것이다. 책망을 받아야 할 사람은 일부러 거짓말을 한 사람, 이야기를 날조한 사람이다. 그것을 믿는 사람이 아니다.

'떳떳하게 살아가야겠다'는 마음가짐

거짓말만큼 죄가 크고 비열하고 어리석은 것은 없다. 거짓말을 하게 하는 것은 적대시하는 마음이나 비겁함이나 허영심인데, 어느 경우든 목적이 달성되는 일은 적다. 아무리 감쪽같이 속였다고 생각해도 거짓말은 머지않아 들통이 나기 때문이다.

이를테면, 누군가의 행운이나 인덕(人德)을 시샘하여 거짓말을 했다고 하자. 확실히 얼마 동안은 상대에게 상처를 줄 수가 있을지도 모른다. 그렇지만 결국 가장 고통을 받는 것은 자기 자신일 것이다. 거짓말이 들통났을 때 —대개는 들통이 나는 법이다—가장 상처를 입는 것은 자기 자신이기 때문이다. 더구나 그런 일이 있은 이후에도 그 상대에 관하여 호의적이 아닌 말이라도 하게 되면, 아무리 그 말이 사실이라도 단순한 험담이라고 간주될 것이다. 이런 손해가 또 있을까?

또 자기의 말과 행동에 관해서 변명하거나, 명예가 손상되고 창피를 당할까 두려워 거짓말을 하거나 변명을 한다면—거짓말이나 변명은 똑같은 것이다—얼마 안 가서 그 사람은 자기의 거짓말과 그 원인이었던 불안 때문에 도리어 명예를 더럽히는 창피를 당한다는 것을 깨닫게 될 것이다. 그 사람은 자기가 인간 중에서 가장 저급하고 비열한 자라는 증명을 한 것이나 다를 바가 없다. 주위 사람들이 그런 눈으로 보아도 하는 수가 없다.

만일 불행히도 잘못을 저질러 버렸을 때는 거짓말을 하여 그것을 숨기려고 하기보다는 정직하게 시인해 버리는 편이 떳떳하다. 그리고 그렇게 하는 것이, 속죄를 하는 유일한 방법이며 용서를 구하는 유일한 방법이기도 한 것이다.

잘못이나 무례함을 숨기려고 변명을 하거나 얼버무리거나 속이거나 하는 행위는 그다지 보기 좋은 것은 아니다. 게다가 그 사람이 무엇을 두려워하고 있는가도 자연히 알게 되는 법이다. 그러므로 그런 짓을 해도 성공하는 일은 드물고 성공하지 못하는 것이 당연하다.

너도 양심이나 명예에 상처를 받지 않고 사회에서 훌륭하게 살아 가고 싶거든, 거짓말을 하거나 속이거나 하지 말고 떳떳하게 살면 된다. 이 말을 생명이 다할 때까지 머리 속에 새겨 두어라. 그렇게 사는 것이 인간으로서의 의무이며 자기의 이익이기도 하단다. 그 증거로 너도 깨닫고 있겠지만, 어리석은 인간일수록 곧잘 거짓말을 하는 법이다. 나도 그 사람이 어느 정도 거짓말을 하는가로 그의 지능 정도를 측정하고 있단다.

5

'사회'라는 거대한 미로의
입구에 서 있는 너에게

 오늘도 또, 인간에 관하여, 인간의
성격·태도에 관하여, 즉 사회에 관하
여 공부를 하자. 이러한 일들은 나이가
들어도 생각해 볼 만한 가치가 있다.
특히 너의 나이로는 좀처럼 얻을 수 없
는 지식이다.

　이러한 인생의 지혜를 젊은이에게 가르쳐 주는 사람이 좀처럼 없는 것을
나는 전부터 이상하게 생각하고 있었다. 모두들 자기의 역할이 아니라고
생각해서일까?

　학교의 선생님이나 교수님도 그렇다. 언어나 자기의 전문 분야를 약간
가르칠 뿐이지, 그 이외의 것은 아무것도 가르치지 않는다. 아니, 가르치지
않는다기보다는 가르칠 수 없다고 말해야 할지도 모른다. 그것은 부모도

마찬가지이다. 가르칠 수 없어서 그런지, 바쁜 생활에 쫓기고 있어서 그런지, 무관심해서 그런지, 부모도 가르치려고 하지 않는다. 그 중에는 자식을 사회에 내던지는 일이야말로 가장 좋은 공부라고 생각하고 있는 부모들도 있다. 이것은 어떤 뜻에서는 옳다고 생각한다. 아닌 게 아니라, 세상일은 이론으로는 모른다. 실제로 사회에 몸을 담아 보지 않고서는 모르기 때문이다.

그렇지만 그 전에—즉, 젊은이가 미로투성이의 땅에 발을 들여놓기 전에—거기에 발을 들여놓은 적이 있는 경험자가 대략의 약도를 그려서 넘겨 줄 정도의 일은 해도 좋다고 나는 생각하고 있다.

정당하게 평가받는 사람과 그러지 못하는 사람의 차이

그럼, 본론으로 들어가자. 아무리 훌륭한 사람이라도 남이 경의를 갖게 하기 위해서는, 즉 다른 사람들로부터 존경을 받기 위해서는 어떤 종류의 위엄이 있어야 한다는 말이다.

야단법석을 떨거나 시시덕거리고, 종종 큰 소리로 바보스럽게 웃거나 농담을 하고, 익살스러운 짓을 하기도 하며, 무턱대고 붙임성이 좋다. 이런 것들은 위엄 있는 태도가 아니다. 이러한 태도를 취해서는 아무리 지식이 풍부한 인격자라도 존경을 받는 일은 드물다. 오히려 사람들로부터 업신여김을 받기가 쉽다.

쾌활한 것은 좋은 일이지만, 쾌활한 사람으로서 존경을 받은 사람은 이제까지 없었다고 말해도 좋다. 게다가 무턱대고 붙임성 있는 것도 손위 사람을 노하게 만들 뿐이고, 그렇지 않더라도 주위 사람들로부터 '아첨꾼'이라든가 '꼭두각시'라는 험담을 듣는다. 신분이나 지위가 낮은 사람에게 붙임성 있게 행동하면 상대방은 오해하여 대등하게 교제하려고 할 것이며, 이 부당한 요구에는 몹시 곤란할 것이다. 농담도 그렇다. 농담만 하는 사람은 어릿광대와 조금도 다를 바가 없다. 사람들이 감복하는 기지와는 상당히 거리가 멀다.

결국은 자기 본래의 성격이나 태도와는 관계없는 점이 상대의 마음에 들어 같은 동료로 받아들여지거나 인기가 있거나 한 사람은 절대로 존경을 받는 일이 없는 법이다. 적당히 이용당할 뿐이다.

우리들은 곧잘 이런 말을 한다. 저 사람은 노래를 잘하니까 우리 팀에 넣어 주자, 춤을 잘 추니까 무도회에 초대하자, 항상 농담을 잘하여 즐거우니까 식사에 초대하자, 혹은 저 사람을 부르는 것은 그만두자, 무슨 게임에든지 쉽게 깊이 빠져 버리니까, 곧잘 과음을 하니까 등등.

이런 말을 듣는 쪽은 칭찬을 받고 있는 것이 아니다. 반대로 비방을 받고 있는 것과 다를 바 없다. 일부러 지명을 받아 바보 취급당하고 있는 것이다. 적어도, 정당하게 평가받고 있는 것도 아니고 존경을 받고 있는 것도 아닌 것은 확실하다.

한 가지 이유만으로 조직의 일원으로 받아들여지는 사람은 그 장기 이외의 존재 가치는 없는 것이다. 그들이 다른 면으로 눈을 돌려 평가하는 일도 없고, 따라서 아무리 장점이 있어도 존경을 받지 못한다.

어떤 상황에도 '듬직한' 태도와 생활 방식을

그러면 어떠한 것이 위엄 있는 태도일까? 위엄 있는 태도란 거만한 태도와는 서로 양립되지 않는 것이다. 그렇다기보다는 서로 반대되는 것이라고 말하는 편이 좋다. 거만하게 뽐내는 것은 용기가 아니며, 농담이 기지가 아닌 것과 똑같은 것이다.

거만한 태도만큼 품위를 떨어뜨리는 것은 없다고 말해도 좋다. 거만한 인간의 자부심은 분노를 낳기도 하지만 그 이상으로 비웃음과 멸시를 낳는다. 물건에 터무니없이 비싼 값을 붙여서 강매하려고 하는 장사꾼이 있다. 그것과 흡사하다. 그런 장사꾼에게는 우리들도 터무니없이 싼값으로 에누리한다. 그렇지만 정당한 값을 붙이고 있는 장사꾼에게는 무리하게 에누리하지 않는다.

위엄 있는 태도라 함은 무턱대고 아첨하는 일이 아니다. 팔방미인처럼 행동하는 것도 아니다. 반대로 무엇에나 거역하는 것도, 시끄럽게 시비를 거는 일도 아니다. 자기 의견은 겸손하고 명확하게 말한다. 다른 사람의 말은 기분 좋게 듣는다. 이러한 태도는 위엄 있는 태도라고 말할 수 있을 것이다.

위엄은 밖으로부터 부여할 수도 있다. 얼굴 표정이나 동작에 진지한 분위기를 감돌게 하면 위엄이 있어 보인다. 물론 하는 행동이 생동감이 넘치는 기지나 고상한 밝음을 표정에 덧붙여도 좋다. 그런 것들은 원래 존엄을 느끼게 하는 법이다. 이와는 반대로 히죽히죽 웃는 태도나 침착성이 없는 몸놀림은 자못 경솔한 느낌이 든다.

외부로부터 위엄을 부여한다고는 하지만, 항상 당하고 있는 인간이 아무리 몸부림친들 용기 있는 인간으로는 보이지 않는 것과 마찬가지로 악이 몸에 젖어 있는 인간은 위엄이 있는 인간으로는 보이지 않을 것이다.

그렇지만 그러한 인간이라도 예의 바르게 행동하고 당당하면 조금은 영락하는 속도가 경감될지도 모른다.

말하고 싶은 것은 많지만 나머지는 키케로(Cicero; 106∼43 B.C. 로마의 정치가, 웅변가)의 〈안내서(*Offices*)〉나 〈예의 범절 편람(*The Decorum*)〉이라도 보고 잘 공부할 일이다. 할 수만 있으면 암기할 정도의 마음가짐을 갖는 편이 좋다. 이 책들에는 위엄을 몸에 지니기 위해서는 어떻게 하면 좋은가에 대해 자세히 기록되어 있다.

인생은 왕복 차표를 발행하고 있지 않다.

일단 떠나면 다시 돌아오지 못한다.

로맹 롤랑(Romain Rolland: 1866~1944. 프랑스의 소설가)

제3장

'최고의 인생'을 보내는 나날의 마음가짐

일(공부)이든 놀이든 모두 최선을 다해라.

1

오늘 1분을 웃는 자는
내일 1초에 운다

 부나 재물을 지혜 있게 쓰는 사람은
적다. 그러나 그보다 더 적은 것은 시
간을 슬기롭게 쓰는 사람이다. 그리고
시간을 슬기롭게 쓸 수 있는 것이 부나
재물을 슬기롭게 사용할 수 있는 것보
다 중요함은 말할 필요도 없다.

나는 네가 이 두 가지를 슬기롭게 사용할 줄 아는 사람이 되어 주었으면 한
다. 너도 이제 차츰 그런 일을 생각해도 좋은 나이이다. 하기야 젊었을 때는
시간은 충분히 있다, 아무리 낭비해도 없어지는 일은 없다고 생각하기 쉬운
법이다. 그렇지만 그것은 막대한 재산을 탕진해 버리는 일과 흡사하여, 깨달
았을 때에는 이미 늦어 어떻게 할 수도 없는 상태가 되어 버리는 경우가 많다.

지금은 고인이 되어 세상을 떠나고 없지만, 윌리엄 3세, 앤 여왕, 조지 1

세 시대에 그 이름을 떨쳤던 라운즈 재무 장관은 생전에 곧잘 이렇게 말했었다.

"1펜스를 웃어서는 안 된다. 1펜스를 웃는 자는 1펜스에 운다."

이 말은 진실이라고 생각한다. 그는 이것을 스스로 실천하였다. 그 결과 손자 둘에게 막대한 재산을 남겼다.

이것은 그대로 시간에도 적용되는 것이 아닐까? 1분을 웃는 자는 1분에 우는 법이다. 그러므로 10분이나 20분이라도 소홀히 하지 않도록 해라. 1분이나 15분이라고 해서 소홀히 하고 있으면 하루에 여러 시간을 낭비하는 것이 된다. 그것이 1년간 쌓이면 그것은 이미 조금이 아니다. 상당한 시간이 된다.

'빈 시간'을 '공백의 시간'으로 만들지 않고 활용하는 방법

이를테면 12시에 어디서 누군가와 만나기로 했다고 하자. 너는 11시에 집을 나와서 그 전에 두세 사람의 집을 찾아볼 생각을 하고 있다. 그런데, 그들 중의 누군가가 집에 없었다. 너는 어떻게 할 것이냐? 다방에라도 들어가서 시간을 때우겠느냐?

나 같으면 그렇게 하지 않는다. 나 같으면 일단 집으로 돌아간다. 집으로 돌아가서 편지를 쓴다. 그렇게 하면 다른 사람과 만나기로 약속한 장소에 갈 때, 그 편지를 우체통에 넣을 수 있으니까 말이다.

편지를 다 쓰고 나서도 아직 시간에 여유가 있을 경우에는 책이라도 읽는다. 시간이 짧기 때문에 데카르트(Descartes; 1596~1650. 프랑스의 철학

자)나 말르브랑슈(Malebranche; 1638~1715. 프랑스의 철학자)나 로크 (Locke; 1632~1704. 영국의 철학자)나 뉴턴의 저서와 같이 이해하기 어려운 책은 적합하지 않을 것이다. 오히려 호라티우스(Horatius; 65~8 B.C. 로마의 시인)나 브왈로, 와라의 저서 같은 짧막하고 지적이며 재미있는 것이 좋을 것이다. 이렇게 해서 시간을 효과적으로 사용하면 많은 시간이 절약된다. 적어도 따분한 시간 사용법은 아니다.

세상에는 시간을 질질 끌며 요령 없이 보내는 사람이 많다. 커다란 의자에 기대앉아 하품하면서 "무엇인가를 시작하기에는 좀 시간이 모자라고……" 라고 말한다. 그러나 실제로 시간이 충분히 있어도 이런 사람은 무엇인가 일을 시작하지 않는다. 결국 아무것도 하지 않고 시간은 지나가 버린다. 가엾은 성격이라고 말할 수밖에 없다. 아마 이런 사람은 공부에 있어서나 일에 있어서나 대성하지 못할 것이다.

한가로이 세월을 보내는 것은 너의 나이에서는 아직 허용되지 않는다. 내 나이가 되었을 때 비로소 허용되는 것이다. 너는 말하자면 이제 겨우 조금 사회에 얼굴을 내놓았을 뿐이다. 행동적이고 근면하며 끈기가 있는 것이 당연하다.

앞으로 수년간이 너의 일생에 얼마나 큰 의미를 가질 것인가 생각해 보았으면 한다. 그러면 단 한순간도 소홀히 할 수는 없을 것이다.

그렇다고 해서 하루 종일 책상에만 붙어 있으라고 말하는 것은 아니다. 그렇게 하라고 권하고 싶은 생각도 없고, 그렇게 해 주었으면 하고 생각해 본 일도 없다. 다만 무엇이든 좋으니 무엇인가를 하고 있다는 사실이 중요한 것이다. 20분이니까 30분이니까 하며 가소롭게 여기고 아무것도 하지 않고 있으면 1년 후에는 상당한 손실이 된다.

이를테면 하루 중에도 공부하는 시간과 노는 시간의 사이 등 약간의 빈 시간이 몇 번은 있을 것이다. 그럴 때 멍하니 하품이나 하고 있어서는 안 된다. 무슨 책이든 좋으니까 가까이에 있는 것을 손에 들고 읽어 보면 좋다. 비록 콩트집 같은 시시한 책이라도 읽지 않는 것보다는 훨씬 낫다.

'사소한 시간'을 최대한으로 활용한 사나이의 이야기

내가 아는 사람 중에 시간을 사용하는 방법이 아주 지혜로워서 사소한 시간도 헛되게 보내지 않는 이가 있다. 좀 지저분한 이야기가 되어서 미안하지만, 이 사람은 화장실에 들어가 있는 잠시 동안의 시간까지 유용하게 이용하여, 고대 로마 시인의 작품을 조금씩 읽어 드디어는 독파해 버렸다. 예를 들어 호라티우스를 읽고 싶다고 하자. 이 사람은 호라티우스의 시집을 문고판으로 사 온다. 그리고는 화장실에 갈 때마다 두 페이지씩 찢어 가지고 가서 화장실 안에서 읽는다. 다 읽어 버린 종이는 그냥 그대로 크로아카(Croaka) 여신에게 예물로 바친다. 내버리고 나오는 것이다. 이것을 되풀이하는 것이다.

확실히 이것은 상당한 시간의 절약이라고 생각하지 않느냐? 너도 한 번 시험해 보면 어떨까? 달리 하는 일도 없이 가만히 있는 것보다는 훨씬 좋을지도 모른다. 게다가 이렇게 하면 읽어야 할 책의 내용이 언제나 머리 속에 남아 있어서 아주 좋을지도 모른다.

물론 무슨 책이든 좋다는 것은 아니다. 계속해서 읽지 않으면 이해하기 어려운 과학 관계의 책이라든가 내용이 어려운 책은 적당하지 않을지도 모르겠다. 그러나 그러한 책이 아니더라도 몇 페이지 찢어서 읽어도 충분히 의미가 통하고 또한 유익한 책도 많이 있다. 그러한 책을 골라서 읽으면 좋다.

얼마 안 되는 시간이라도 이처럼 효과적으로 사용하면, 나중에 상당한 일을 했다는 것을 깨닫게 된다. 그런데 얼마 안 되는 시간이라고 해서 아무것도 하지 않고 있으면 나중에 되찾으려고 생각해도 좀처럼 되지 않는다. 그러므로 순간순간을 의미 있게 사용해 주었으면 한다. 아무것도 하지 않고 있는 것보다는 재미있다고 생각되는 소비 방법을 생각하면 좋다.

이것은 공부에만 한정된 일은 아니다. 놀이도 때에 따라서는 필요하고 중요한 것이라고 앞에서도 말하였다. 인간은 놀이를 통해서 성장하고, 제 몫을 하는 한 인간이 되어 간다. 뽐내는 태도나 꾸미는 태도를 벗어 버렸을 때의 인간의 참모습을 가르쳐 주는 것도 놀이이다. 그러므로 놀고 있을 때에도 빈둥빈둥하고 있으면 안 된다. 놀 때는 노는 데 온 정신을 집중시켜 주기 바란다.

'일의 순서를 잘 정한다는 것'은 머리가 좋다는 것을 의미한다

사업이나 사무에는 보통 일반인이 생각하고 있는 요술과 같은 능력이나 특수한 재능은 필요치 않다. 순서와 근면함과 분별만 있다면, 재능만 있고 질서가 없는 인간보다 훨씬 더 일을 잘 처리할 수 있다.

너도 사회인으로서의 한 걸음을 내디딘 지금, 조속히 모든 것에 체계를 세워 추진시키는 버릇을 길러야 한다. 순서를 정하고, 그것에 따라서 일을 추진하는 것이야말로 일을 능률적으로 완성시키는 비결이다. 모든 일에— 글을 쓴다, 책을 읽는다, 시간을 배분한다 등—순서를 정할 일이다. 그렇게 함으로써 얼마만큼의 시간이 절약되는가, 얼마만큼 일이 잘 진척되는가, 그것은 상상 이상이다.

말버러(Marlborough; 1650~1722. 영국의 군인) 공작을 상기해 봐라. 그분은 단 1초도 허비하지 않아, 똑같은 한 시간 동안에 보통 사람의 몇 배나 되는 일을 처리했다. 뉴캐슬(Newcastle; 1592~1676. 영국의 장군, 왕당파의 사령관으로서 전쟁에 패배하자 유럽으로 망명) 공작의 저 당황하는 모습, 혼란스런 모습은 일 때문이 아니다. 일에 질서, 순서가 결여되어 있었기 때문이다. 로버트 월폴(Robert Walpole; 1676~1745) 전 총리는 남보다 열 배나 되는 일을 하면서도 결코 당황하는 모습을 보인 일이 없다. 일을 하는 순서가 딱 정해져 있었기 때문이다.

아무리 능력이 있는 인물이라고 순서를 정하지 않고 일을 하면 머리 속이 혼란해서 손을 들게 되고 만다.

너는 게으른 편이다. 이제부터는 게으르지 않도록 분발해 주기 바란다. 자기 자신에게 타일러서 2주간이라도 좋으니, 일을 하는 방법과 순서를 찾아 보기 바란다. 그렇게 하면 미리 정해 놓은 순서대로 일을 추진하는 것이 얼마나 편리하고 얼마나 좋은 결과를 가져오는가를 알게 되어, 두 번 다시 순서에 따르지 않고는 일을 할 수 없게 될 것이다.

2

지혜롭게 놀면서 자기를
발전시켜라

 놀이와 오락은 대부분의 젊은이들이
한 번은 걸리는 암초 같은 것이 아닐
까? 돛에 바람을 가득 안고 즐거움을
찾아 출범한 것은 좋았지만, 정신을 차
려 보니 방향을 확인할 나침반도 없거
니와 키를 잡는 데 필요한 지식도 없다. 이래서는 목적지인 진정한 즐거움
에 당도할 수 있을 리가 없다. 명예스럽지 못한 상처를 입고 비틀거리면서
항구로 되돌아오는 것이 고작이다.

이렇게 말하니 오해받을 것 같지만, 나는 금욕주의자처럼 즐거움을 기피
하는 자도 아니고 목사처럼 쾌락에 빠져서는 안 된다고 설교하는 자도 아
니다. 오히려 쾌락주의자에 가까워 여러 가지 놀이 보따리를 끌러 보여 마
음껏 놀라고 장려하고 싶다.

정말이다. 마음껏 놀기 바란다. 나는 다만 네가 잘못된 항로로 나아가지 않도록 수정해 줄 뿐이다.

너는 어떠한 일에 즐거움을 발견하고 있는 것일까? 마음이 맞는 친구와 큰 돈을 걸지 않는 절도 있는 카드놀이에 흥겨워하고 있는 것일까? 쾌활하고 품위 있는 사람들과 조금은 즐겁게 식탁을 함께하고 있을까? 함께 있음으로써 배울 것이 많은 인물과 친밀하게 교제하는 노력을 하고 있을까?

나를 친구라고 생각하고 무엇이든 거리낌없이 말해 주기 바란다. 나는 너의 즐거움을 일일이 검열하는 일 따위는 하지 않는다. 오히려 인생의 길잡이로서 놀이에의 교량 역할을 해 주고 싶다.

젊은이가 빠지기 쉬운 놀이의 '함정'

젊은이는 자칫하면 자기의 기호와는 관계없이 모양만으로 즐거움을 선택하기 쉽다. 극단적인 경우는 무절제가 바로 놀이의 참 스타일이라고 착각하고 있는 사람조차 있다.

너도 그렇지 않을까? 예를 든다면 술은 확실히 마음과 몸에 나쁜 영향을 미치기는 하지만 훌륭한 소일거리라 생각하고 있는 것은 아닐까? 도박도 여러 차례 잃어서 때로는 무일푼이 되는 일도 있고, 난폭한 태도를 취하는 경우도 있지만 재미있는 놀이의 한 가지가 아닌가. 여자의 꽁무니를 따라다니는 일도 최악의 경우 매독에 걸려 코가 이지러지거나 건강을 해치거나 할 정도이지, 온몸이 망가지는 일 따위는 좀처럼 있는 것이 아니라고 생각하고 있는 것은 아닐까?

너도 알고 있겠지만 내가 지금 앞에서 말한 것들은 모두가 가치 없는 놀이뿐이다. 그런데 그 가치 없는 놀이가 많은 젊은이의 마음을 사로잡고 있다. 그들은 잘 생각해 보지도 않고 남들이 오락이라고 부르는 것을 그냥 그대로 받아들여 버리는 것이다.

너의 나이에는 놀이에 몰두하는 것이 지극히 당연하고, 또 놀고 있는 모습이 가장 어울리는 것도 확실하다. 그렇지만 젊기 때문에 대상을 잘못 선택하거나 잘못된 방향으로 돌진할 염려도 크다. '놀기 잘하는 한량같이 보인다'는 것이 젊은이들에게 크게 인기가 있지만, 그들은 과연 자기의 종착역을 알고서 악에 물들기를 바라고 무절제를 되풀이하고 있는 것일까?

옛날 이야기지만 확실한 예가 있다. 어떤 젊은이가 훌륭한 한량이 되어 보려고 몰리에르(Moliere: 1622~1673. 프랑스의 희극 작가) 원작의 번역극 '영락한 방탕자(Le Festin de Pierre)'를 보러 갔다. 주인공의 방탕 행각에 감탄한 이 사나이는 자기도 '영락한 방탕자'가 되기로 결심하였다. 친구들 몇 사람이 '영락한'은 그만두고 '방탕자'만으로 만족하는 것이 좋지 않겠느냐고 설득했지만 그는 의기양양하게 이렇게 말했다고 한다.

"안 돼. '방탕자'만으로는 안 된단 말이야. '영락한'이 붙지 않으면 완전한 방탕자가 못 된단 말이야."

'정말 어처구니가 없구나……' 하고 생각할지 모르지만 이것이 사실은 많은 젊은이들의 현실인 것이다. 겉보기에만 사로잡혀서 스스로 생각할 여유도 없이 닥치는 대로 뛰어든다. 그리하여 마지막에는 정말로 '영락해' 버리고 마는 것이다.

'놀이'에도 자기 나름의 '목적'을 가져라

그다지 이야기하고 싶지 않은 일이지만 네게 참고가 될지도 모르기 때문에 부끄러움을 무릅쓰고 나 자신의 체험담을 이야기하겠다. 나도 예외는 아니어서, 자기의 기호와는 관계없이 '놀기 잘하는 한량'으로 보이는 것에 가치를 발견한 어리석은 사람 중의 하나였다. 그렇다, 어리석은 자였던 나는 본래 좋아하지도 않는 술을 '놀기 잘하는 한량'처럼 보이기 위하여 진탕 마셨고, 마시고는 기분이 나빠지고 숙취에서 깨어나지 못해도 또 마시는 악순환을 지루하게 되풀이했다.

도박도 비슷한 것이었다. 돈에는 옹색하지 않았기 때문에 돈이 필요해서 내기를 한 일은 한 번도 없다. 그러나 역시 '도박을 한다'는 것이 신사의 필수 조건쯤으로 생각하였다. 그래서 마구 뛰어들었던 것인데, 본래 좋아하는 성질은 아니다. 달갑지 않은 생각을 하면서, 인생에서 가장 충실해야 할 30년간을 질질 도박에 끌려 가면서 지냈다. 그 때문에 진정한 즐거움을 경험하지 못했다.

비록 잠시 동안이라도 동경하는 인간상에 접근하기 위하여 겉보기 치장만을 하려고 했으니, 참으로 어리석었다고 새삼 부끄럽게 생각한다. 그러나 아무튼 나는 이러한 어리석은 행위들을 일체 중지해 버렸다. 떳떳하지 못함을 느꼈던 것이다. 무서운 생각이 들었던 것이다.

일종의 유행병에 걸려 형식만의 놀이에 뛰어든 나는 그 대가로 참된 즐거움을 빼앗겼다. 재산이 줄었으며, 건강도 해쳤다. 그렇지만 나는 이것 모두가 하늘이 내린 벌이라고 생각하고 있다.

나의 어리석은 체험담에서 너는 무엇을 배웠느냐? 나는 네가 너 자신의 즐거움을 선택하여 주었으면 하고 진심으로 바라고 있다. 놀이에 무작정 휘말려서는 안 된다. 다른 사람들이 모두 그렇게 한다고 해서 너도 그렇게 할 필요는 없다. 나는 나라고 생각할 일이다. 먼저, 현재 네가 즐기고 있는 놀이가 어떤 것인지 모두 생각해 봐라. 놀이를 그냥 그대로 계속하면 어떻게 될 것인가, 하나하나 생각해 보기 바란다. 그리고 나서 그 놀이를 계속할 것인지 중지할 것인지는 너의 현명한 판단에 맡기겠다.

'즐겁게 보이는 것'과 '정말로 즐거운 것'을 분별하는 눈

지금 만일 내가 네 나이에서 이제까지의 경험을 다시 한 번 고쳐 할 수가 있다면 어떤 일을 할 것인가? 무엇보다도 즐거운 듯이 보이는 것이 아니라 정말로 즐거운 일만을 하겠다. 그 중에는 친구와 식사를 하거나 술을 마시거나 하는 일도 물론 포함된다. 그렇지만 과식하거나 과음하거나 해서 괴로움을 당하지 않을 정도로 억제하겠다.

20세 때는 다른 사람에게까지 주의를 하면서 걸을 필요는 없다. 일부러 자기의 방식을 강요하거나, 상대를 비난해서 미움을 살 필요도 없다. 남은 남이며 자기 좋을 대로 하라고 내버려 두면 된다. 그렇지만 자기의 건강에 관해서만은 깔끔하게 컨트롤하자. 자기 건강에 관심이 없는 사람은 하는 수가 없다.

도박도 하자. 고통을 받기 위해서가 아니라 즐기기 위해서. 아주 적은 돈을 걸고 여러 부류의 친구들과 즐기는 거다. 그렇게 해서 환경에 순응하는 것도 중요한 일이다. 다만 내기에 거는 돈만큼은 신중히 하자. 이기든 지든 간에 생활에 지장이 없을 정도로, 생활비를 약간 절약할 정도로 수습할 수 있는 범위 안에서 하자. 물론, 노름으로 이성을 잃고 싸움질을 하는 따위는 금물이다. 하기야 항간에는 곧잘 있는 일이지만.

독서에도 시간을 할애하자. 분별 있는 교양인과의 대화에도 시간을 남겨 두자. 가능하면 나보다 뛰어난 사람이 좋다.

보통 사교계의 사람들과도 남녀를 불문하고 빈번하게 교류하자. 대화의 내용은 그다지 충실하지 못한 경우가 많지만 함께 있으면 순수한 기분이 될 수 있고 기운도 난다. 게다가 사람에 대한 태도 등, 보고 배울 점도 많다.

너의 나이에서부터 다시 한 번 인생을 고쳐 살 수 있다면, 나는 지금 앞에 쓴 것과 같이 즐기고 싶다. 어느 것이나 다 분별 있는 것뿐이라고 생각하지 않느냐? 게다가 이러한 것들이야말로 진정한 놀이라고 말할 수 있는 것 아닐까? 진정한 즐거움을 알고 있는 사람은 유흥에 몸을 망치는 일이 없다. 모르는 사람만이 유흥을 진정한 즐거움이라고 생각하고 있는 것이다.

그 증거로 양식 있는 사람 중에 몹시 술에 취하여 걸음걸이도 제대로 가누지 못하는 사람과 친구가 되고 싶어 하는 사람이 있을까? 감당하지도 못할 큰 돈을 내기에 걸고서 잃은 다음, 머리털을 쥐어뜯으면서 상대를 입에 담을 수 없는 더러운 말로 욕하고 있는 사람을 상대하고 싶다고 생각하는 사람이 있을까? 방탕한 끝에 매독에 걸려 코가 반쯤 떨어져 나가고 다리를 질질 끌고 다니는 사람과 친하게 지내고 싶어하는 사람이 있을까?

있을 리가 없다. 방탕에 제 정신을 잃고, 게다가 그것을 자랑하는 따위의 사람들을 양식 있는 사람들이 받아들일 리 없다. 설사 받아들인다 해도 기분 좋게 받아들이지는 않을 것이다.

진정한 놀이를 알고 있는 사람은 품위를 잃는 일은 없다. 적어도 악덕을 모범으로 삼거나, 악을 본뜨는 일은 없다. 만일, 불행히도 부덕한 행위를 하지 않으면 안 될 때에도 대상을 선택하여, 남이 모르게 자연스럽게 할 것이다. 일부러 악을 뽐내 보이지는 않을 것이다.

3

일의 기쁨을 아는 사람만이
진정한 '한량'이 될 수 있다

노는 것은 대단히 좋은 일이다. 자기의 놀이를 찾아내어 맘껏 즐겨야 한다. 그렇지만 남의 흉내를 내서는 안 된다. 자기의 가슴에 손을 얹고 물어볼 일이다. 무엇이 진실로 즐거운가를 물어보고, 즐겁다고 생각되는 것을 하면 좋다.

곧잘 아무것에나 손을 대는 사람이 있는데, 그런 사람은 아무런 기쁨도 누릴 수 없다. 진지하게 일에 몰두하여 일에서 기쁨을 느낄 수 있는 사람만이 놀이에서도 기쁨을 느낄 수 있는 것이다. 그런 뜻에서는 고대 아테네의 장군 알키비아데스(Alkibiades; 450~404 B.C. 아테네의 장군, 정치가)는 합격이었다고 생각한다. 확실히 창피를 모를 정도의 방탕한 짓을 했지만 철학이나 일에도 어김없이 시간을 할애하였다.

카이사르도 일과 놀이에 균등하게 마음을 씀으로써 상승 효과까지 가져오게 한 사람이다. 현실적으로 로마에 사는 모든 여성들과 불의의 간통 상대자였다고 일컬어졌던 카이사르였지만, 훌륭하게 학자로서의 지위를 쌓았고 웅변가로서도 일류 중의 일류였으며, 또한 지도자로서의 실력에 있어서는 로마 제일이라고까지 평가받지 않았는가?

그러나 놀기만 하는 인생은 탐탁지 않을 뿐만 아니라 아무런 재미도 없다. 날마다 진지하게 일에 종사하였기 때문에 마음도 몸도 놀이를 철저하게 즐길 수 있는 것이다. 뚱뚱하게 살이 찐 대식가나, 창백한 얼굴을 한 주정뱅이나, 혈색이 나쁜 호색가는 자기가 하고 있는 것을 진심으로 즐기고 있지 못하는 것이다. 이런 사람은 거짓 신에게 자기의 정신과 육체를 바치고 있는 것이나 다름없다.

정신 수준이 낮은 생활을 하고 있는 사람은 쾌락만을 좇고, 품위가 없는 놀이에 몸을 망치는 일이 많다. 한편 정신 수준이 높은 생활을 하고 있는 사람들, 즉 좋은 동료들('도덕적'이라고는 말하지 않겠다)에게 둘러싸인 사람들은 보다 자연스런 놀이, 다시 말해 세련되고 위험이 적은, 그리고 적어도 품위를 잃는 일이 없는 놀이에 흥겨워하고 있을 것이다.

양식 있는 훌륭한 인간은 놀이가 목적이 되어서는 안 된다는 것을 알고 있고, 또 놀이를 목적으로 삼지 않는 법이다. 그들은 알고 있다. 놀이라는 것은 단지 한숨 돌려 편안히 쉬는 일이며, 위로이며, 포상에 불과하다는 것을.

'아침에는 저녁보다 현명하다'를 실천하라

그런데 일과 놀이에 관해서 이것들은 깔끔하게 시간을 나누어 두는 것이 좋다. 공부나 일, 지식인이나 명사와 함께 앉아 침착하게 이야기하지 않으면 안 되는 대화 등은 아침 나절이 좋을 것이다.

그렇지만 일단 저녁 식사의 식탁에 앉으면 그 후는 휴식 시간이다. 특별히 긴급한 일이 없는 한 네가 좋아하는 것을 하며 즐겨도 좋다. 마음이 맞는 동료들과 카드놀이를 하는 것도 좋다. 절도 있는 사람들이 상대라면 화목하고 즐거운 게임을 할 수 있을 것이다. 잘못되어도 싸움이 되는 일은 없다.

연극도 좋다. 음악회도 좋다. 춤도, 식사도, 즐거운 동료와의 담소도 좋다. 틀림없이 만족할 수 있는 저녁을 보낼 수 있을 것이다. 물론 매력적인 여성들을 보고 크게 한숨을 쉬고 뜨거운 시선을 보내는 것도 좋다. 다만, 상대가 네 품위를 떨어뜨릴 것 같은, 나아가서는 너를 파멸시키는 인물이 아니기를 바랄 뿐이다. 상대가 너에게 쏠리는가 쏠리지 않는가는 너의 수완 여하에 달려 있으니, 기대를 걸어 보라고 말하고 싶구나.

지금 말한 것들이 정말로 분별 있는 사람, 정말로 놀이를 알고 있는 사람이 즐기는 방법이다. 이처럼 아침은 공부, 저녁은 놀이 하는 식으로 시간을 구분하여, 놀이도 자기만의 것을 자기가 선택하게 되면 너도 훌륭한 사회인으로서 인정을 받을 것이다.

오전 내내 집중해서 꾸준히 공부하기를 반복하면 일년 후에는 상당한 지식을 얻게 될 것이다. 한편, 저녁에 친구와의 교제도 너에게 또 하나의 지식, 즉 세상에 관한 지식을 줄 것이다. 아침에는 책에서 배우고, 저녁에는 사람에게서 배운다. 이것을 실천하자면 이젠 한가하게 있을 시간은 없다.

　나도 젊었을 때는 참으로 잘 놀았고, 여러 종류의 사람들과도 잘 사귀었다. 나만큼 그러한 일에 시간과 노력을 쏟아넣은 사람은 없을 것이라고 생각한다. 때로는 지나친 적도 있었다. 그렇지만 어떻게든지 공부하는 시간만은 확보하였다. 아무리 해도 그 시간이 없을 때는 수면 시간을 줄였다. 전날 밤 아무리 늦게 잠자리에 들더라도 다음날 아침에는 반드시 일찍 일어났다. 이것은 고집스럽게 지켜 나갔다. 병이 났을 때를 제외하고는 벌써 40년 이상이나 이 습관은 계속되고 있다.

　이것으로 너도 내가 놀이 따위는 절대로 안 된다고 말하는 완고한 아비가 아니라는 것을 알았으리라 생각한다. 나는 너에게 나와 똑같은 생각을 가지라고 말하지 않겠다. 그런 의미에서는 아버지로서보다는 친구로서 충고한 것 같은 느낌이다.

4

한 가지 일에 '온힘'을
다 쏟는 것이 중요하다

얼마 전에 하트 씨로부터, 네가 잘하고 있다는 내용의 편지를 받았다. 내가 얼마나 기쁘게 여기고 있는지 알겠느냐? 그렇지만 만일 장본인인 네가 나의 절반도 충실감이나 기쁨을 느끼고 있지 않다면, 나는 어찌할 바를 모르게 될 것이다. 만족감과 자부심이 있기 때문에 비로소 스스로 면학에 열중할 수가 있다고 생각하기 때문이다.

하트 씨에 의하면, 너는 열심히 공부하고 있다지. 공부하는 자세가 잡혀 있고, 이해력도 생겼으며, 그에 따라서 응용력도 생겼다는 것이다. 여기까지 오면 그 다음은 즐거움이 있을 뿐이다. 그리고 그 즐거움은 노력하면 노력한 만큼 더 커질 것이다.

초인적으로 일을 처리한 드 위트 씨의 집중력

항상 귀가 아플 정도로 말하고 있는 것이니 너도 알고 있겠지만, 무엇인가 일을 할 때는 그것이 어떠한 일이든 오직 일에만 집중하는 것이 중요하다. 그 이외의 일을 생각해서는 안 된다.

이것은 공부에 한해서만 말하는 것이 아니다. 놀이도 마찬가지다. 놀이도 공부와 마찬가지로 열심히 하기 바란다. 어느 쪽도 열심히 할 수 없는 사람은 어느 쪽도 진보하지 못하고, 어느 쪽으로부터도 만족감을 얻지 못할 것이다. 그 때 그 때의 대상물에 마음을 집중시킬 수 없는 사람, 집중시키지 않는 사람, 그 이외의 일을 머리에서 쫓아내지 못하는 사람, 쫓아내지 않는 사람, 그런 사람은 일도 할 수 없을 것이고 놀이도 능숙하지 못할 것이다.

파티나 회식 자리에서 누군가가 머리 속에서 유클리드(기하학) 문제를 풀려 하고 있다고 상상해 봐라. 그런 사람은 함께 있어도 전혀 즐겁지 않을 것이고, 또 사람들 가운데서 유달리 초라하게 보일 것이다. 혹은 서재에서, 어떤 문제를 풀려고 열중하고 있는데 미뉴에트 음악이 떠올라서 견딜 수 없는 사람의 일을 생각해 봐라. 아마 그 사람은 훌륭한 수학자는 되지 못할 것이다.

한 번에 한 가지 일만을 하면, 하루 동안에 시간은 충분히 있고 여러 가지 일을 할 수 있다. 그렇지만 한 번에 두 가지 일을 하면 일 년이 있어도 시간은 모자란다.

법률 고문이었던 고(故) 드 위트 씨는 나랏일을 혼자 도맡아 그것을 잘 처리했을 뿐만 아니라, 저녁의 모임에도 얼굴을 내놓고, 여러 사람과 함께 식사를 할 시간도 충분히 있었다고 한다. 어느 날, 그렇게 많은 일을 처리하고도 저녁마다 모임에 나갈 시간도 있다니, 도대체 어떤 식으로 시간을 만들고 있는가라는 질문을 받은 드 위트 씨는 다음과 같이 대답했다고 한다.

"별로 어려운 일은 아니에요. 한 번에 한 가지 일을 한다, 그리고 오늘 할 수 있는 일은 절대로 내일까지 미루지 않는다, 그것뿐이지요."

다른 일에 정신을 팔지 않고, 한 가지 일에 확실히 집중할 수 있는 드 위트 씨의 능력은 대단한 것이라고 생각한다. 이런 일을 할 수 있다는 것 자체가 천재라는 확실한 증거가 아닐까? 거꾸로 말하면 침착하지 못하고, 들떠 있어 정신을 집중시키지 못하는 것은 대수롭지 않은 인간이라는 증거가 아닐까?

매일 '오늘은 이만한 일을 했다'고 말할 수 있는가

세상에는 하루 종일 바쁘게 움직였는데 자기 전에 생각해 보니 한 일은 하나도 없었다고 말하는 사람이 많이 있다. 이런 사람들은 두세 시간 책을 읽어도, 눈만 활자를 쫓아가고 있을 뿐 머리가 거기에 없는 경우가 많다. 그러므로 나중에 무엇을 읽었는지 생각해 보아도 아무것도 기억나지 않고 내용을 논할 수도 없다.

사람과 만나서 이야기하고 있을 때도 마찬가지여서 자기 스스로 적극적으로 대화에 참여하려고 하지 않는다. 이야기하고 있는 상대를 관찰하는 일도 없고, 이야기의 내용을 정확히 파악하는 일도 없다. 그들은 그 자리와 관계없는 일, 그리고 그것도 쓸데없는 일을 생각하고 있는 것이다. 아니, 전혀 아무것도 생각하고 있지 않다고 말하는 편이 좋을지 모르겠다.

그리고 그것을 "아니 지금 잠깐 깜박 하고 있어서……"라든가 "다른 일에 정신을 팔고 있어서……" 따위의 말로 얼버무려 체면을 세운다. 이런 사람은 극장에 가도 가장 중요한 내용은 보지 않고 함께 간 사람들이나 조명에만 눈을 빼앗겨 버린다.

너는 그런 일이 없도록 해라. 사람과 만나 이야기하고 있을 때도 공부하고 있을 때와 마찬가지로 정신을 집중시키기 바란다. 공부할 때는 읽고 있는 책에 주의를 기울이고 그 내용을 잘 생각하며, 사람과 만나고 있을 때는 보는 것, 듣는 것 모두에 주의를 기울이는 것이 중요하다.

어리석은 사람들이 곧잘 말하듯이, 정작 자기의 눈앞에서 들은 말과 일어난 일에 주의를 기울이지 않고 있다가 "다른 일을 생각하고 있어서 알아차리지 못했습니다……" 따위로 말해서는 절대로 안 된다. 왜 다른 일을 생각하고 있었는가? 다른 일을 생각하려면 무엇 때문에 왔단 말인가? 올 필요도 없지 않았는가? 결국 이 사람들은 '다른 일'을 생각하고 있지 않았던 것이다. 머리가 텅텅 비어 있었을 뿐이다.

이런 사람은 놀이에도 집중하지 못하고 일에도 집중하지 못한다. 정신이 산만해져서 일을 할 수 없으면 놀기라도 하면 좋을 텐데 그것도 하지 않는다. 놀면서도 놀이에 정신이 집중되지 않으면, 일을 하면 좋을 듯하지만 그것도 하지 않는다. 이런 사람은 노는 사람과 함께 있으면 자기도 놀고 있는 것으로 착각하고, 해야 할 일이 있으면 그것만으로 자기는 일을 하고 있다고 착각하고 있는 것이다.

무슨 일이든, 하려면 열심히 해야 한다. 어정쩡하게 하려면 하지 않는 편이 훨씬 낫다.

중요한 것은 자기가 하고 있는 일에 집중하는 일이다. 모든 일은 할 가치가 있는가 없는가 둘 중의 하나이다. 그 중간은 없다. 일단 '한다'고 결정하면 상대가 누구든 간에 눈과 귀를 똑바로 집중시킬 일이다. 듣는 말은 단한 마디도 흘리지 않고 들으며, 눈앞에서 일어나고 있는 일은 하나도 남기지 않고 확실히 본다는 결심이 중요하다.

아무튼, 호라티우스를 읽고 있을 때는 기록되어 있는 것이 옳은가 어떤가를 생각하면서 읽고, 그 멋진 표현이나 시의 아름다움을 충분히 맛보도록 해라. 결코 다른 작품에 마음이 가 있어서는 안 된다.

그리고 그러한 책을 읽고 있을 때는 생 제르맹 부인의 일을 생각해서는 안 되고, 생 제르맹 부인과 대화하고 있을 때는 책을 생각해서는 안 된다.

5

백 원으로 '일생의 지혜'를 손에 넣는 금전 사용법

 너도 서서히 어른 축에 끼게 되었다. 마침 좋은 기회니 앞으로 너에게 어떻게 돈을 보낼 작정인가를 설명해 두기로 한다. 그렇게 하면 너도 따라서 계획을 세우기가 쉬워질 것이다.

나는 공부에 필요한 비용, 사람과의 교제에 필요한 돈은 단 한 푼이라도 내기를 아까워할 생각은 없다. 공부에 필요한 비용이란, 필요한 책을 사는 돈과 우수한 선생에게 배울 돈을 말한다. 이 속에는 여행지에서 훌륭한 사람들과 교제하기 위한 비용—예를 들어 숙박비, 교통비, 의류비, 고용인 비용—등도 포함될 것이다.

사람과의 교제에 필요한 돈이라 함은, 물론 '지적인' 교제에 필요하다는 의미이다. 이를테면 불쌍한 사람들을 위한 자선 비용(이런 명목으로 사취당

해서는 안 된다)이 그러할 것이다. 신세를 진 분들에 대한 사례나 앞으로 신세를 지게 될 분에 대한 선물에 드는 비용도 그렇다. 교제하는 상대에 따라서 필요하게 되는 비용—이를테면 무엇인가를 관람하러 가는 비용이나 놀이의 비용, 사격 따위의 게임에 드는 비용, 기타 돌발적인 비용— 그러한 것도 필요할 것이다.

내가 절대로 내지 않는 돈은 시시한 싸움을 했기 때문에 필요하게 된 돈과, 게으르게 질질 시간을 보내기 위한 돈이다. 현명한 사람은 자기의 명예를 손상시키는 돈이나 자기에게 도움이 되지 않는 돈은 쓰지 않는다. 그러한 돈을 쓰는 자는 어리석은 자뿐이다. 현명한 자는 돈도 시간과 마찬가지로 헛되게 쓰지 않는다. 단돈 백 원도, 단 일 분의 시간도 헛되게 쓰지 않는다. 자기나 사람들을 위해서 유익한 것, 지적인 기쁨을 얻을 수 있는 것에 쓴다.

그런데 어리석은 자는 다르다. 어리석은 자는 필요치 않은 것에 돈을 쓰고 정작 필요한 것에는 돈을 쓰지 않는다. 이를테면, 가게 앞에 진열되어 있는 잡동사니가 그렇다. 코담배 통, 시계, 지팡이의 손잡이 같은 시시한 물건들의 마력에 사로잡히게 되면 어리석은 자는 파멸의 길을 걷는다. 그것은 가게 주인도 점원도 잘 알고 있어서 공모하여 어리석은 자를 속이려고 달려든다. 정신을 차렸을 때는 신변은 온통 잡동사니 투성이로, 정말로 필요한 것, 안온한 휴식을 주는 것은 아무것도 없는 상태가 되어 있다.

현명한 '금전 철학'을 일찍부터 몸에 익혀 두어야 한다

돈이라는 것은 금전 철학과 같은 것을 가지고, 또한 세심한 주의를 기울여서 사용하지 않으면, 아무리 많이 있어도 최소한의 생필품조차도 살 수 없게 되어 버리는 법이다. 그와는 반대로 비록 아주 적은 돈밖에 없어도, 자기 나름대로의 금전 철학을 가지고 주의해서 사용하면 최소한의 것은 충족된다.

그런데 돈의 지불 방법을 말하자면, 될 수 있는 대로 현금으로 지불하는 것이 좋다. 그것도 고용인을 통해서가 아니라 자기가 직접 지불하는 것이 좋다. 고용인은 수수료나 사례금 같은 것을 요구하기 쉬우니까 말이다. 아무래도 '외상'으로 달아 두었다가 지불해야 할 경우는(술집이나 양복점 등), 매월 반드시 자기 손으로 지불하도록 하는 것이 좋다.

물건을 살 때는, 필요하지도 않은데 값이 싸다는 이유만으로 사는 일이 없도록 해라. 그런 짓은 절약이 아니다. 오히려 돈의 낭비이다. 이와는 반대로 필요하지도 않은데 값 비싼 것이라는 이유만으로—즉, 자존심을 만족시키기 위하여—물건을 사는 것도 좋지 않다.

자기가 산 것과 지불한 대금은 노트에 기록하는 것이 좋다. 돈의 출납을 파악하고 있으면 파탄하는 일은 없다. 그렇다고 해서, 교통비라든가 오페라를 보러 가서 사용한 100원이나 200원까지 기록할 필요는 없다. 시간의 낭비일 뿐만 아니라 잉크 값이 아깝다. 그런 세밀한 것은 따분한 수전노에게나 맡겨 두면 좋다.

이것은 가계(家計)에 관한 것은 아니고 모든 일에 관해서 말할 수 있는 일이지만, 관심을 가질 가치가 있는 것에만 관심을 갖는 것이 중요하다. 쓸데 없는 것에 관심을 가질 필요는 없다.

정말로 중요한 것은 모두 '손이 닿는 곳'에 있다.

일반적으로 현명한 사람은 사물을 실물 크기로 파악할 수가 있는 법이다. 그런데 어리석은 사람은 그것이 불가능하다.

마치 현미경으로 들여다보고 있는 것처럼 무엇이든 크게 보인다. 그래서 벼룩이 코끼리로 보인다. 작은 것이 크게 보일 뿐이라면 그래도 좋다. 최악의 경우는 큰 것이 지나치게 확대되어서 보이지 않게 되어 버리는 일이다.

얼마 안 되는 돈을 인색하게 아껴, 그 때문에 싸움까지 하는 사람 따위는 그 가장 심한 경우이다. 그 사람은 그 때문에 수전노라고 불려지고 있는 것을 깨닫지 못한다. 이런 사람은 자기 자신에 대해서도 부당한 일을 행하고 있다. 수입 이상의 생활을 바라는 나머지, 자기 손이 미치는 범위 안에 있는 '중요한 것'을 보지 못하고 있는 것이다.

오해를 두려워하지 않고 말한다면, 무슨 일에나 '제 분수에 맞게'라는 말이 있다. 건전하고 견고한 정신을 가진 사람은 어디까지가 손이 미치는 범위이고 어디서부터가 손이 미치지 못하는 범위인지 알고 있다. 그런데 그 경계선은 몹시 애매해서, 분별 있는 사람이 눈을 가늘게 뜨고 찾으면 어떻게든 발견할 수 있지만 엉성한 인간의 눈에는 여간해서 보이지 않는 법이다.

너도 자기의 손이 미치는 범위와 미치지 않는 범위를 알 만한 분별은 있다고 생각한다. 경계선에는 항상 유의하기 바란다. 그리고 그 위를 능숙하게 걷기 바란다. 혼자서 걸을 수 있게 될 때까지는 하트 씨에게 부탁하여 궤도 수정을 해 달라고 하면 된다. 진짜 줄타기를 능숙하게 하는 사람은 있어도 경계선이라는 이름의 줄타기를 능숙하게 할 수 있는 사람은 좀처럼 없다. 그런 만큼 능숙하게 하는 사람은 크게 돋보인다.

역사는 인간 자신이 그 대상이다. 역사 속에 내재하는 조건의 하나는

역사가 인간을 파악하고, 이해하고, 알 수 있도록 노력하는 일이다.

링케(Leopold von Ranke: 1795~1886. 독일의 역사가)

자신의 '틀' 이 굳어지기 전에

해 두어야 할 일

책(젊었을 때는 특히 역사책)을 많이 읽어라.

그리고 여하튼 '밖' 으로 나가 보아라.

1

왜 젊었을 때에 '역사'에
흥미를 갖는 일이 중요한가?

 프랑스의 발자취에 관한 너의 고찰
은 실로 정곡을 찌른 것이라고 생각한
다. 무엇보다도 기뻤던 것은 네가 책
을 읽을 때 내용만을 파악하지 않고
그 내용에 관해서 깊이 생각하고 있다
는 것을 알았기 때문이다.

책을 읽어도 자기 스스로 판단하지 않고, 씌어 있는 것을 그저 줄줄이 머
리 속에 집어넣기만 하는 사람이 많다. 그렇게 하면, 정보만 닥치는 대로
쌓일 뿐, 머리 속은 잡동사니를 두는 창고처럼 잡다하게 되어 버려, 잘 정
돈된 방처럼 필요한 지식을 필요할 때 바로 꺼낼 수가 없다.

너는 네가 지금 하고 있는 그런 식으로 계속해 주기 바란다. 지은이의 이
름만 보고 책 내용을 그냥 받아들이지 말고 거기에 씌어 있는 것이 얼마나

정확한가, 지은이의 고찰이 얼마나 옳은가를 자기의 머리로 똑바로 생각하기 바란다.

하나의 역사적 사실에 관해서는 몇 권의 책을 조사하여 거기에서 얻어낸 정보를 종합해서 자기의 의견을 갖도록 하는 것이 좋다. 기껏해야 거기까지가 역사라는 학문의 손이 미치는 범위라고 나는 생각하고 있다. 유감이지만 '역사적 진실'까지는 알 수가 없는 것이다.

용자(勇者) 카이사르가 살해당한 진정한 이유

역사책을 읽어 보면 역사적 사건의 동기나 원인이 기록되어 있는 경우가 있는데 그것을 그냥 그대로 믿어서는 안 된다. 그 사건에 관련된 인물의 사고 방식이나 이해 관계를 고려한 다음에, 저자의 고찰이 옳은가, 그 밖에 가능성이 더 큰 동기는 있는가, 자기 스스로 생각해 보는 일이 중요하다.

그 때, 비굴한 동기나 사소한 동기를 무시해서는 안 된다. 왜냐하면 인간이란 복잡한 모순 투성이의 생명체이기 때문이다. 감정은 격렬하게 변하기 쉽고, 의지는 나약하며, 마음은 몸의 건강 상태에 따라서 좌우된다.

요컨대, 사람은 한결같은 것이 아니라, 그 날 그 날에 따라 변하는 것이다. 아무리 훌륭한 사람이라도 시시한 데가 있고, 쓸모없는 사람이라도 훌륭한 데가 있다. 아무 짝에도 쓸모없는 인간이라도 어딘가에 장점이 있어, 엉뚱하게 훌륭한 일을 할 때도 있는 것이다. 그것이 인간인 것이다.

그런데 역사적 사건의 원인을 규명할 때 우리들은 보다 더 고상한 동기를 찾으려고 하는 경향이 있다. 그러나 진정한 원인이라는 것은, 예를 들어 루터의 종교 개혁이라면 루터의 금전욕이 좌절당한 것이 원인이었다……하는 정도인지도 모르는 것이다. 그럼에도 불구하고 머리통만 큰 역사학자들은 역사적 대사건뿐만 아니라 평범한 사건에까지 깊은 정치적인 동기를 적용시켜 버린다. 이것은 우스운 일이라고 생각한다.

인간은 모순투성이인 것이다. 항상 인간적으로 우수한 부분에 의해서 그 행동이 좌우되는 것은 아니다. 현명한 인간이 어리석은 일을 하는 경우도 있고 어리석은 인간이 현명한 일을 하는 경우도 있다. 모순된 감정을 가지고 있어, 그것이 뱅글뱅글 변하는 것이 인간이다. 그 날의 몸의 건강 상태와 정신 상태에 따라 변하는 것이 인간인 것이다. 그런데도, 가장 가능성이 많은 동기니까라든가 또는 매듭 짓기가 좋은 동기니까라고 하며, 고상한 동기를 갖다 붙이려는 것은 잘못이라고 생각한다.

소화가 잘 되는 식사를 하고, 잘 자고, 맑게 개인 아침을 맞이하였다는 이유만으로 영웅적인 활동을 하는 사나이가, 소화가 안 되는 식사를 하고, 잘 자지 못하고, 게다가 아침에는 비가 왔다는 이유만으로 아주 쉽게 겁쟁이로 변해 버리는 일도 있는 것이다.

그러므로 인간 행위의 진정한 이유는 아무리 규명하려고 해도 억측의 영역을 벗어나기는 어렵다고 생각한다. 기껏해야 이러저러한 사건이 있었다고 하는 것만이 우리들이 알 수 있는 것이요, 안 것 같은 기분이 될 수 있는 것이다.

카이사르는 23인의 음모로 살해되었다. 이것은 의심할 여지가 없다. 그런데 이 23인의 음모자들이 과연 진정으로 자유를 사랑하고 로마를 사랑했기 때문에 카이사르를 죽였는가? '글쎄……'라고 말하지 않을 수 없다. 그 것만이 원인일까? 적어도 주요한 원인일까?

만일 진상이 밝혀지는 일이 있다면 사건의 주모자인 브루투스조차도, 이를테면 자존심이나 시기심, 원한, 실망 같은 다른 여러 가지 사적인 동기가 원인이었다. 혹은 그러한 동기가 조금은 원인이 되지는 않았을까?

올바른 판단력 · 분석력을 기르기 위한 최고의 '재료'

회의적이라는 의미에서는 역사적 사실 그것 자체도 의심스럽다고 생각되는 경우가 곧잘 있다. 적어도 그 사실과 결부되어 있는 배경에 관해서는 거의 의심의 눈으로 보고 있다. 매일매일 자기가 경험하는 것을 생각해 보면 좋다. 역사라고 하는 것이 얼마나 신빙성이 희박한 것인가를 쉽게 알 수 있을 것이다.

예를 들어 최근에 일어난 사건에 대해서 몇 사람인가가 증언을 할 때, 그들이 하는 말은 완전히 일치하는가? 그렇지 않을 것이다. 착각하고 있는 사람도 있고, 증언할 때 뉘앙스가 달라지는 사람도 있다. 자기의 의견에 맞는 증언을 하는 사람이 있는가 하면, 마음이 변하여 사실을 왜곡시켜 말하는 사람도 있다. 게다가 서기도 반드시 공정하게 기록한다고 할 수 없다.

그런 뜻에서는, 역사학자라고 해서 공정하게 기록하는지 어떤지 의심스럽다. 학자에 따라서는 자기 자신의 지론을 끝까지 전개하고 싶을지도 모르고, 빨리 그 장을 끝내고 싶을지도 모른다(프랑스 역사책의 각 장 첫머리에는 '이것은 진실이다'라는 한 마디 말이 반드시 들어 있다. 재미있는 일이다).

그러므로, 역사학자의 이름만으로 모든 것이 옳다고 생각하지 않는 것이 좋다. 자기 스스로 분석하고, 스스로 판단할 일이다.

그렇다고 해서 역사 따위는 공부할 필요가 없다고 말하는 것은 아니다. 누구나가 인정하는 역사적 사실이라는 것은 존재하며, 사람들의 입에 오르내리며 책에서도 다루어진 그러한 것들은 알아두는 것이 좋다.

예를 들어 카이사르의 망령이 브루투스 앞에 나타났다고 기록하고 있는 학자들이 있다. 나는 그런 이야기는 전혀 믿지 않고 있다. 그렇지만 그러한 말이 화제에 오르고 있다는 사실을 전혀 모른다는 것은 부끄러운 일이다.

이 이외에도, 역사학자가 그렇게 기술했기 때문에, 아무도 믿지 않고 있는 일이 당연한 일처럼 화제에 오르내리고, 책에도 기록되는 일들이 있다. 그렇게 해서 정착한 것이 이교도 신학이다. 주피터(Jupiter), 마르스(Mars), 아폴로(Apollo) 등 고대 그리스 신들도 그렇다. 우리들은 그들이 만일 실존하였다 해도 보통의 인간이었다고 생각하고 있다.

아무리 역사에 대해서 회의적이라 하더라도 이처럼 상식화한 것들은 제대로 공부할 필요가 있다. 아니, 오히려 역사는 인간이 사회를 살아가는 데 있어 어떤 학문보다도 필요한 것인지 모른다.

'과거의 자[尺度]'로 현재를 재지 말라

다만, 과거에도 그랬으니까 현재도 그렇다고 단정적으로 말해서는 안 된다. 과거의 예를 인용하여 현재 문제를 검토하는 것은 좋지만, 그러려면 신중하지 않으면 안 된다.

과거 사건의 진상 따위는 아무리 발버둥쳐도 알 도리가 없다. 기껏해야 '추측'이 고작이다. 무엇이 원인인가 따위는 알 도리가 없다. 첫째, 과거의 증언은 현재의 증언에 비하면 훨씬 애매한 법이다. 게다가 시대가 오래되면 될수록 신빙성도 희박해지는 것을 피할 수 없다.

위대한 학자들 중에는 공과 사를 불문하고, 닮았다는 이유만으로 무턱대고 과거의 사례를 인용하는 사람이 있다. 이것은 어리석은 일이다. 그들은 생각해 본 일도 없겠지만, 천지 창조 이래 이 세상에 똑같은 사건이 일어난 예는 없었던 것이다. 게다가, 어떠한 역사가라 할지라도 사건의 전모를 기록한 사람은 없으니까(전모를 파악한 사람조차 없을 것이다), 그것을 기초로 한 논쟁 따위는 아무런 의미도 없다.

그러므로, 옛날 학자가 기록하였으니까, 옛 시인이 썼으니까라는 이유만으로 인용해서는 안 된다. 사물은 하나하나가 서로 다른 것이니까 개별적으로 논해야 한다. 닮았다고 생각되는 예를 참고로 삼고 싶으면 해도 좋지만, 어디까지나 참고로 할 것이지, 그것을 판단의 근거로 삼아서는 안 된다.

2

나는 '역사'로부터 이만한 것을 배웠다

여러 가지 말을 했지만, 과거의 역사를 공부하는 것은 참으로 중요하다. 일반 사람들이 알고 있는 것은, 믿을 수 있는 역사학자가 쓴 책을 읽고 공부해 둘 일이다. 그것이 옳든 그르든 간에, 우선 지식으로서 알아두는 것이 중요하다.

그런데, 역사의 공부 방법인데 너는 어떻게 공부하고 있느냐? 시간과 노력을 절약하기 위해서, 역사적 대사건을 중심으로만 공부하고 나머지 것들은 대충 훑어본다는 융통성 있는 사람도 있는가 하면, 모든 것에 똑같은 정도로 힘을 쏟아, 어느 것이나 똑같이 기억한다는 사람도 있다.

그렇지만 나는 다른 방법을 권장한다. 먼저, 국가별로 간단한 역사책을 읽어 대략적인 개요를 파악한다. 그와 곁들여 특히 중요한 요점, 예를 들어 어디를 정복했다든가, 왕이 바뀌었다든가, 정치 형태가 바뀌었다는 등 중요하다고 생각되는 것들을 뽑아낸다. 그리고 그 뽑아낸 사항들에 관해서 자세히 기록된 논문이나 책들을 읽고 철저히 공부한다. 그 때는 스스로 깊이 통찰하는 것이 중요하다. 원인을 찾아내서 그것이 무엇을 야기시켰는가를 생각하는 것이 중요하다.

'책'과 '사람'에게서 배워라

프랑스의 역사에 관해서는 대단히 짧지만 아주 잘 씌어진 르장드르의 역사책이 있다. 그것을 정확히 읽으면 프랑스 역사를 대체로 알게 될 것이다. 그리고 역사적인 중요한 포인트를 알게 되면 이번에는 메제레이의 역사책이 도움이 될 것이다. 그 밖에도 하나하나의 시대 · 사건에 관해서 자세히 기술하고 있는 역사책이나, 정치적 관점에서 씌어진 논문 등 참고가 되는 것들은 얼마든지 있다.

근대에 관해서 말하자면, 필립 드 코미느 회고록을 비롯하여, 루이 14세 시대에 씌어진 역사책들이 많이 나와 있다. 적당히 골라 읽으면 한 시대와 사건에 대해서 입체적으로 알 수 있을 것이다.

그 밖에도, 프랑스에서 여러 계층의 사람들과 이야기할 기회가 있을 때, 만일 역사와 같은 딱딱한 이야기를 화제에 올릴 수 있는 재주가 있다면, 그것을 시도해 보는 것도 한 가지 방법이다. 비록 역사를 잘 모르는 사람이라도 자기 나라 역사를 모른다고는 말하지 않을 것이며, 조금은 무엇인가를 알고 있을 것이다. 설령, 역사책은 한 권밖에 읽지 않은 사람이더라도(실제로 그런 사람이 많다), 역사책을 읽은 것은 자랑으로 생각하고 자진해서 이야기해 줄 것이다.

그런 뜻에서는 그 나라 여성들은 그런 종류의 책을 많이 읽고 있으니까, 틀림없이 참고가 될 것이다. 그렇게 해서 현지에서 얻은 지식은 책에서는 얻을 수 없는 것을 많이 제공해 줄 것이다.

3

인생의 결정적 지혜
'책을 읽는 습관'

 사회는 한 권의 책과 같은 것이다. 지금 내가 너에게 권하고 싶은 것은 이 책이다. 이 사회라는 책에서 얻어지는 지식은 이제까지 출판된 책 모두를 합친 지식보다 훨씬 많은 도움이 된다. 그러므로 훌륭한 사람들의 모임이 있을 때는 어떠한 좋은 책이라도 덮어놓고 그 모임에 나가는 것이 좋다. 그러는 편이 몇 배나 큰 공부가 된다.

그렇지만 갖가지 일과 오락 등 떠들썩한 환경 속에서 살고 있는 우리들이라도, 하루의 생활 속에서 잠시 숨을 돌리는 자유로운 시간이 조금은 있는 법이다. 그리고 그러한 시간에 책을 읽는 일이야말로 더할 나위 없는 안식이요, 기쁨이라고 하는 지적 인간도 있을 것이다.

그 얼마 안 되는 시간을 살려서(틀림없이 얼마 안 되는 시간일 것이고, 또 그렇지 않으면 곤란하지만……), 충실하게 책을 읽으려면 어떻게 해야 하는가, 그에 관해서 몇 가지 요점을 들어보고 싶다.

우선 시시하고 따분한 책에 시간을 할애하는 일은 삼가는 것이 좋다. 그러한 책은 우리 주위를 둘러봐도 달리 쓸 것이 없는 태만한 저자가, 역시 태만하고 무식한 독자를 겨냥해서 쓰는 경우가 수없이 많다. 이런 책은 독에도 약에도 쓸모가 없으니까 손을 대지 않는 게 좋다.

'하루 30분간 책 읽는 방법'

책을 읽을 때는 목적을 하나로 집중시켜 그 목적을 달성할 때까지는 다른 분야의 책에는 손을 대지 말아야 한다. 너의 장래를 생각한다면, 예를 들어 현대사 중에서도 특히 중요하고 흥미를 끄는 시대를 몇 개 뽑아 내서 그것을 순서대로 익혀 가는 방법은 어떨까?

먼저, 베스트팔렌 조약에 초점을 맞추었다고 하자(현대사의 시작으로서는 실로 옳은 선택이라고 말할 수 있지 않느냐). 그렇게 했다면 그것에 관한 책 이외에는 일절 손을 대지 말고 신뢰할 수 있는 역사책이나 문서, 회고록, 문헌 등을 순차적으로 읽고 비교하는 것이 좋다.

이런 종류의 연구에 몇 시간이고 소비하라고 말하는 것은 아니다. 좀더 다른 방법으로 자유로운 시간을 유효하게 사용할 수 있으면 그것도 좋다. 다만 같은 독서를 한다면, 한꺼번에 여러 가지 테마를 추구하기보다는 단순화시켜서 체계적으로 접근하는 편이 능률적이라고 생각한다.

여러 가지 책을 읽다 보면 내용이 상반되거나 모순되는 일도 생길 것이다. 그럴 때는 다른 책을 찾아보면 좋다. 그런 일은 옆길로 벗어나는 것이 아니다. 그렇게 함으로써 오히려 기억이 선명해지기 때문이다.

예를 들어 무엇인가에 관해서 책을 읽어도 도무지 머리 속에 들어오지 않을 때가 있을 것이다. 그렇지만 똑같은 책이라도 정치가들끼리 화제가 되거나 논쟁거리가 되거나 할 때, 그 책이나 그에 관련된 책을 읽거나 사람들로부터 이야기를 듣거나 하면, 책만으로는 입체적으로 파악하지 못했던 일들이 술술 머리 속에 들어오는 수가 있다. 그렇게 해서 얻은 지식은 의외로 완벽한 법이다. 그리고 여간해서 잊어버리지 않을 것이다. 사건 등이 일어난 현장에 가서, 직접 이야기를 듣고 오는 것도 그런 뜻에서는 좋은 일이다.

사회인이 된 다음에 책을 읽는 방법에 대해서는 다음 몇 가지 항목으로 간추려 말해 주겠다.

1. 사회에 한 걸음을 내디딘 지금, 책을 많이 읽을 필요는 없다. 그보다는 여러 계층의 사람들과 이야기를 나눔으로써 정보를 수집하는 것이 좋다.
2. 무익한 책은 이제 읽지 말 것.
3. 한 가지 테마로 좁혀서 그에 관련된 책을 읽을 것.

이상에 말한 것을 지키면 하루에 30분의 독서로 충분하다.

4

눈과 귀와 발로 배운 지식
이야말로 '참지식'이다

 만일 이 편지가 무사히 너에게 전달될 때쯤이면, 아마 너는 베니스에서 로마로 갈 준비를 하고 있을 것이다. 하트 씨에게도 지난 편지로 부탁드린 바와 같이, 로마까지는 아드리아 해를 따라 리미니, 로레토, 앙코나를 거쳐 가면 좋다. 어느 고장이나 들러볼 가치는 있다. 그러나 그 곳에 오래 머무를 정도는 아니다. 가서 보기만 하면 충분할 것이다.

그 근처에는 고대 로마의 유물, 이름이 알려진 건축물과 회화, 조각 등이 많이 있어, 어느 것도 놓칠 수가 없으니 유념하여 보고 오너라. 겉으로 보기만 하면 되니까, 그렇게 시간은 많이 걸리지 않을 것이다.

그렇지만 안쪽까지 보아야 할 것들은 다르다. 좀더 시간과 주의력이 필요하다.

젊은이들은 경박하고 주의가 산만하여, 무엇에나 무관심해서, '보아도 보이지 않고 들어도 들리지 않는다'는 경우가 많다고들 말한다. 수박 겉핥기로만 보거나 쇠귀에 경 읽기로만 듣는다면 차라리 보지도 듣지도 않는 편이 낫지 않겠느냐?

그러한 점에서, 네가 보내 준 여행기를 보니, 너는 여행을 간 곳곳에서 잘 관찰하고 있고, 갖가지 의문을 가지고 있는 듯하구나. 그것이야말로 여행의 진정한 목적이라고 말할 수 있다.

여행을 해도 목적지를 여기저기 옮겨 다닐 뿐, 다음 목적지까지 얼마나 떨어져 있나, 다음 숙소는 어디인가 하는 등등에만 정신이 팔려 있는 사람은 출발했을 때도 바보였고 돌아왔을 때도 바보인 채로다. 가는 곳곳에서 교회의 첨탑이나 시계나 으리으리한 저택을 보고서 크게 떠들어 댈 뿐이라면, 얻는 것은 하나도 없는 것이나 다름없다. 그 정도라면 아무 데도 가지 말고 집에 있는 편이 낫다.

그런데 어디를 가든지, 그 고장의 정세나 다른 고장과의 관계, 약점, 교역, 특산물, 정치 형태, 헌법 등을 똑똑히 관찰하는 사람이 있다. 그 고장의 훌륭한 사람들과의 교유를 깊이하고, 그 고장의 독특한 예의 범절이나 인간성을 잘 파악하고 오는 사람이 있다. 여행이 득이 되는 것은 이런 사람들이다. 그리고 이런 사람들은 더 현명해져서 돌아온다.

여행을 떠나면 '호기심 덩어리'가 돼라

로마는 인간의 감정이 생생하게 갖가지 모양으로 표현되어 그것이 훌륭하게 예술로 결집되어 있는 도시이다. 그런 도시는 좀처럼 없다. 그러므로 로마에 머무르고 있을 동안에는 카피톨이나 바티칸 궁전이나 판테온을 구경하는 것만으로 만족해하지 않도록 하기 바란다.

1분간의 관광을 위해서 열흘 동안 갖가지 정보를 수집하기 바란다. 로마 제국의 본질, 교황 권력의 성쇠, 궁정의 정책, 추기경의 책략, 교황 선출을 둘러싼 뒷이야기 등등, 절대적인 힘을 자랑했던 로마 제국의 내면적인 것이라면 무엇이든 좋다. 무엇에든지 깊이 파고들어가 볼 일이다.

어느 고장에도 그 고장의 역사와 현재의 상황에 관해서 간단히 소개한 소책자가 있다. 그것을 먼저 읽으면 좋다. 부족한 부분도 있겠지만 지침은 된다. 그것을 읽고서 더 자세히 알고 싶은 것이 있으면 그 고장 사람에게 물어보면 된다.

그렇다, 모르는 점에 관해서는 그것에 정통하고 있는 사려 깊은 인물에게 물어보는 것이 제일이다. 책은 아무리 자세히 기록되어 있다 하더라도, 거기에서 완벽한 정보를 얻기란 쉽지 않다.

영국에도 자기 나라 현상을 자세히 해설하고 있는 책이 여러 권 나와 있을 것이다. 프랑스에도 그런 책은 많이 있다. 그렇지만 어느 책이나 정보로서는 불완전하다. 그것은 자기 나라 현상에 그리 정통하지 못한 사람들이, 또한 정통하지 못한 사람이 쓴 책을 그대로 베껴 썼기 때문이다.

그렇다고 해서 그 책들이 읽을 가치가 없다는 것은 아니다. 읽을 가치는 있다. 읽으면 모르던 부분을 알 수 있기 때문이다. 그것은 만일 그 책을 읽지 않았더라면 머리 속을 스치지도 않았을 그런 지식들이다.

모르는 대목이 뚜렷해지면 단 한 시간이라도 좋으니까 그 곳 사정에 밝은 의장이나 의원에게 질문해 볼 일이다. 프랑스에 있는 모든 책을 다 모아도 모를 프랑스 의회의 내부 사정을 조금은 알 수 있게 될 것이다.

만일 군대에 관한 지식이 필요하다면 장교에게 물어보면 좋다. 어떠한 사람도 대개는 자기 직업에 각별한 애착을 가지고 있으므로 자기 직업 이야기를 하는 것을 싫어하지 않을 것이다. 더군다나 자기 직업에 관련해서 무엇인가 질문을 받으면 신이 나서 마구 지껄이는 경우도 있다.

그러므로 어떠한 모임에서 군인을 만나는 일이 있거든 여러 가지 물어보면 좋다. 훈련법, 숙영(宿營) 방법, 의복의 배급 방법, 혹은 급료, 역할, 검열, 숙영지 등등 알고 싶은 것은 무엇이든지 물어볼 일이다.

마찬가지로, 해군에 관한 정보도 수집하면 좋다. 이제까지 영국은 프랑스 해군과 항상 깊은 관계를 가져 왔다. 앞으로도 그럴 것이다. 알아서 손해 볼 건 없다. 몸에 익힌 해외의 정보가 영국으로 돌아왔을 때 얼마나 너를 돋보이게 하고, 또 해외와의 실제적인 교섭에 얼마나 도움이 되는지 생각해 봐라. 상상 이상이라고 생각한다. 실제로 이 분야에 정통하고 있는 사람은 현재 거의 없다. 아직 미개척 분야인 것이다.

5

자기의 '틀'이 굳어지기
전에 해 두어야 할 일

 하트 씨의 편지에는 항상 적잖이 너
를 칭찬한 말이 있는데, 이번 편지에는
특히 기쁜 일이 적혀 있었다. 로마에
있는 동안 너는 이탈리아 사람의 기존
사회에 융화되기 위해 줄곧 노력하였
고, 한 영국 부인의 제의로 결성된 영국인 집단에 가입하려고 하지 않았다
지? 이것은 분별 있는 행동—왜 너를 외국으로 보냈는가, 그 취지를 잘 분
별한 행동—이다. 아주 기쁘다.

세계 여러 나라의 인간을 아는 편이 한 나라의 인간만으로 만족하는 것
보다 훨씬 좋다. 이 분별 있는 행동을 어느 나라에 가든 계속하도록 해라.
특히 파리에는 30명이 아니라 300명 이상의 영국인들이 무리를 지어 살고
있는데 프랑스 사람들과는 대화를 나누는 일도 없이 그네들끼리만 생활하

고 있다.

파리에 머무르고 있는 영국 귀족들의 생활상은 대체로 비슷하다. 첫째, 아침에는 늦게까지 이불 속에 있다. 일어나면 바로 아침 식사인데 이것은 같은 동료와 함께 든다. 이것으로 족히 오전 중 2시간은 헛되게 보낸다. 식사가 끝나면, 마차에 넘칠 정도로 가득 타고 궁정이나 노트르담 사원 등을 구경하러 간다. 거기서 이번에는 커피 하우스로 간다. 거기에서 저녁 식사를 겸한 즉석 술자리가 시작된다.

저녁 식사 후에는 술도 마시는 둥 마는 둥 총총히 줄지어 극장으로 향한다. 극장에서는 형편없는 솜씨로 만든 그러나 옷감만큼은 최고급인 양복을 입고 무대 앞에 진을 친다. 연극이 끝나면 일동 모두 다시 술집으로 돌아온다. 그리고 이번에는 퍼붓듯이 술을 마시고는 자기들끼리 다투거나 거리로 나가 싸움질을 한다. 그리고 결국에 가서는 경찰관에게 붙잡혀 버리는 것이다.

이러한 생활을 되풀이하고 있으니, 프랑스어를 할 줄 모르는 그들이 말을 배울 수 있을 리가 없다.

그런 판이니, 본국으로 돌아와서도 타고난 급한 성미는 더 격해질 뿐이고, 본디 없었던 지식도 늘어날 리가 없다. 그래도 외국 바람을 쐬었다는 것을 자랑하고 싶은 마음만은 남다른 듯하여, 함부로 프랑스 말을 사용하고 옷도 프랑스 식으로 차려 입지만, 모두가 엉터리이고 꼴불견이다. 이래서야 모처럼의 해외 생활도 물거품이 되어 버리고 만다.

그렇게 되지 않도록 너는 프랑스에 있는 동안 프랑스 사람들과 사이 좋게 교제하는 것이 좋다. 노신사는 좋은 본보기가 될 것이고, 젊은이와는 함께 노는 게 좋을 것이다.

'이방인'의 옷을 벗어던지면 가는 곳의 '참모습'이 보인다

  그렇다고는 하지만, 기껏해야 일주일이나 열흘간, 마치 철새처럼 잠깐 머무른 것만으로는 즐기기는커녕 상대편과 친근하게 사귈 수가 없다. 받아들이는 쪽도 그렇게 짧은 기간으로는 아는 사이가 되는 것을 주저하게 될 것이다. 그것뿐이라면 그런 대로 좋다. 아는 사이가 되는 것조차 삼가려고 한다 해도 그를 비난할 수는 없다.

  그런데 여러 달 머무르게 되면 이야기는 달라진다. 그 고장 사람과 격의 없이 사귈 시간이 있다. 당연히 '이방인'이라는 감각은 없어진다. 이것이 여행의 진정한 즐거움이 아닐까? 어디를 가든지 그 고장 사람들과 격의 없이 사귀고 그 사회에 융합되어 그 고장 사람들의 평소의 참모습을 접해야 한다.

  이것이 바로 그 고장의 관습을 알고 예절을 이해하고, 다른 고장에는 없는 특성을 아는 유일한 방법이 아닌가 생각하고 있다. 이것은 단 30분간의 형식적인 공식 방문으로는 얻을 수 없는 것이다.

  세계 어디서나 인간이 가지고 있는 성질은 똑같다. 다른 것은 그것을 어떻게 표현하는가이다. 그것은 고장에 따라 환경에 따라 서로 다른 모양을 취한다. 우리들은 그 갖가지 모양과 하나하나씩 교제해 나가야 한다.

  예를 들어 '야심'이라는 감정이 있는데, 이것은 어떤 인간이든 다 가지고 있는 것이다. 그렇지만 그것을 만족시키는 수단은 교육이나 풍습에 따라 다르다.

예의를 지킨다고 하는 마음도 기본적으로는 누구나 가지고 있는 감정이다. 그렇지만 그 마음을 어떻게 표현하느냐 하는 것은 어디에서나 같을 수 없다.

영국의 국왕에게 절을 하는 것은 존경의 뜻을 표명하는 것이 되지만, 프랑스 국왕에게 절을 하는 것은 예의에 어긋나는 결례가 된다. 황제에게는 존경의 뜻을 표하여 절을 하는 것이 원칙이다. 전제 군주 앞에서는 엎드리지 않으면 안 되는 나라도 있다. 이처럼 예의 범절은 고장에 따라, 시대에 따라, 사람에 따라 다르다.

그 예의 범절은 어떻게 해서 생겼는가 하면, 우연한 일로 해서 즉흥적으로 생겨나 이어져 온 것이라고 말할 수밖에 없다. 아무리 현명하고 분별 있는 사람이라도 그 고장 특유의 예의 범절을 배우지 않고 표현할 수는 없다. 그것을 할 수 있는 사람은 실제로 그 고장에 가서 눈으로 보고 몸으로 체험하여 실사회에 통달하고 있는 사람뿐이다.

예의 범절은 이성이나 분별로는 설명할 수 없는 것, 우연히 생긴 것이라는 것을 부인할 수 없다. 그렇지만 그것이 거기에 엄연히 존재하는 이상, 그것에 따라야 한다. 이것은 왕이나 황제에 대한 예의에 관해서만 말하고 있는 것이 아니다. 모든 계급에 관습과 같은 것이 있을 것이다. 그 관습에는 따르는 편이 좋다.

예를 들면, 사람들의 건강을 축하하여 건배한다는 저 바보스런 행동은 거의 어느 고장에서나 볼 수 있는 관습이다. 내가 가득히 한 잔의 술을 마시는 일과 누군가의 건강과는 도대체 무슨 관계가 있단 말인가? 상식으로는 생각할 수 없는 일이다. 그렇지만 그 상식이, 나도 그 관습에 따르는 것이 좋다고 권고하고 있는 것이다.

건전한 사고 방식은 남에게 예의 바르게 하라, 기분 좋은 생각을 갖게 하라고 명령한다. 그렇지만 때와 장소와 사람에 따라서 어떻게 예의를 다할 것인가는 실제로 눈으로 보고 몸으로 익히기 전에는 알 수 없다. 이것은 앞에서도 말한 바와 같다. 그것을 익히고 돌아오는 것이 올바른 여행 방법이 아닐까?

'외부가 아니라 내부를 들여다보는' 즐거움

분별 있는 사람은 어디를 가든 그 고장의 풍습을 배워 그것에 따르려고 노력한다. 전세계 어디를 가든 그렇게 하는 것이 필요할 것이다. 도덕적으로 용납될 수 없는 일이 아닌 한은 무슨 일에든지 그렇게 따르는 편이 좋다.

그 때 가장 도움이 되는 것은 적응력이다. 순간적으로 그 장소에 적합한 태도를 결정할 수 있는 능력이다. 진지한 사람에 대해서는 진지한 표정을 할 수 있고, 쾌활한 사람에게는 밝게 행동하고, 시시한 인물에게는 그저 적당하게 상대를 한다. 이러한 능력을 몸에 익히도록 힘껏 노력해 주기 바란다.

여러 고장을 방문하여 똑똑한 사람들과 교제함으로써 너는 그 고장의 인물로 변신할 수 있을 것이다. 프랑스 인도 아니고, 이탈리아 인도 아닌, 유럽 인이 되는 것이다. 여러 고장의 좋은 풍습을 겸허하게 받아들여 파리에서는 프랑스 인이, 로마에서는 이탈리아 인이, 그리고 런던에서는 영국인이 되는 것이다.

그런데 너는 이탈리아어를 잘 몰라 고민하고 있는 모양이구나. 그렇지만 프랑스의 귀족들을 봐라. 그들은 말을 할 때 스스로는 깨닫지 못하고 있지만 훌륭한 산문을 읊조리고 있다. 그와 마찬가지로 너도 스스로는 깨닫지 못하고 있겠지만 훌륭하게 이탈리아어를 이해하고 있는 것이다. 첫째, 너만큼 프랑스어와 라틴어에 통달하고 있으면 이탈리아어의 절반은 알고 있는 것이나 다름없다. 사전 따위는 거의 찾을 필요를 느끼지 않을 것 아니냐?

다만, 숙어나 관용구, 미묘한 표현 등은 실제로 말해 보는 것이 제일 좋다. 상대편의 말을 주의해서 듣고 있으면 그런 것은 곧 익힐 수 있다. 그러므로 틀렸건 맞았건 염려하지 말고, 질문할 수 있을 만큼의 단어와 질문에 답할 수 있을 만큼의 단어를 익히면 주저 말고 자꾸자꾸 사람에게 말을 걸어 볼 일이다.

프랑스어로 "안녕하세요"라고 말을 거는 대신 갓 익힌 이탈리아어로 "안녕하세요"라고 말하면 된다. 그러면 상대편은 이탈리아어로 무어라고 대답하여 줄 것이다. 그것을 들어서 외우면 된다. 그것을 되풀이하는 동안에 어느 사이에 자기가 이탈리아어를 잘할 수 있게 되었다는 것을 깨닫게 될 것이다. 이탈리아어는 뜻밖에 간단한 언어란다.

여러 가지 이야기를 했는데, 너를 해외로 내보낸 것도 이런 것들을 몸에 익히기를 원했기 때문이다. 어디를 가든지 관광만으로 만족하지 말고 그 고장의 내부까지 똑똑히 보고 오기 바란다. 현지의 사람들과 친밀하게 사귀어 관습과 예의 범절을 알아 오기 바란다. 그리고 현지 언어를 익히기 바란다. 네가 이 정도의 것들을 할 수 있다면 나의 수고도 보답을 받는 것이라고 할 수 있다.

자기 의견을 굽히지 않는 자는 진실을 사랑하는 것 이상으로

자기 자신을 사랑하는 인간이다.

주베르(Joubert; 1754~1824, 프랑스의 모럴리스트)

제5장

자신의 '의견'을 가져라

자기 주장이 없는 사람은 절대로 발전하지 못한다.
판단력 · 표현력을 갖추는 결정적인 방법.

1

'타인의 생각'으로 사물을
판단하고 있지 않는가?

 이 편지가 도착할 즈음이면 너는 벌써 라이프치히에 돌아와 있을 것이다. 드레스덴에서 궁정 사회에 첫발을 디뎠을 때 너는 어떠한 인상을 가졌을까? 현명한 너이니만큼 축제 기분은 드레스덴에 털어 놓고, 라이프치히에서는 다시 공부에 열중하고 있으리라 믿는다.

만일 궁정이 마음에 들었다면, 공부해서 지식을 축적하는 것이 남에게 인정받는 가장 가까운 지름길이라는 것을 명심해 두기 바란다. 지식도 덕도 없는 궁정인은 눈 뜨고 볼 수가 없다. 불쌍한 사람들이다. 그와는 반대로, 지식과 덕이 있고, 기품과 겸손한 태도를 몸에 지닌 사람들은 참으로 훌륭하다. 너도 그것을 목표로 삼았으면 좋겠다.

궁정은 '허위와 거짓의 덩어리이며 겉과 속이 전혀 다른 세계'라는 말을 곧잘 듣지만, 과연 옳은 말일까? 나는 그렇게만 생각하지는 않는다. 목소리를 높여 말하고 싶지만, 도대체 '일반론' 이라는 것이 옳았던 예는 드물었다.

확실히 궁정은 허위와 거짓의 덩어리이며 겉과 속이 전혀 다를 수도 있기는 하다. 그러나 그것은 궁정에만 한정된 이야기는 아니다. 이 세상에 그렇지 않은 곳이 있다면 알고 싶다.

농부들이 모여 사는 농촌도 역시 비슷한 것이 아닐까? 다른 점이라면 예의 범절이 다소 거칠다는 정도이다. 서로 이웃해 있는 밭을 가진 농부들은 자신이 어떻게 하면 이웃 사람보다도 많은 농산물을 생산할 수 있을까에 대해 고민하고 방법을 생각해 내어 실천에 옮기고 있을 것임에 틀림없다. 대지주 앞에서는 어떻게 해야 그의 마음에 들까 하고 필사의 작전을 세우고 있을 것임에 틀림없다. 그것은 궁정인이 왕자의 비위를 맞추는 것과 조금도 다를 바가 없다.

시골 사람들은 순박하고 허위와 거짓이 없으며, 궁정인들은 거짓 투성이라고 시인들이 아무리 써 봤자, 또 단순하고 어리석은 자들이 그것을 아무리 믿어 봤자 진실은 변함이 없다. 양 치는 목자나 궁정인이나 똑같은 인간인 것이다. 마음에 느끼는 것, 생각하는 것에 다를 바가 없다. 다만 그 방식이 조금 다를 뿐이다.

'일반론' 을 내세우는 사람은 주의하라

일반론을 내세우는 일, 일반론을 믿는 일, 일반론을 옳다고 인정하는 일에는 신중을 기해 주기 바란다. 무릇, 일반론을 내세우는 따위의 인간들 중에는 자만심이 강하며 교활하고 빈틈없는 인간이 많다. 정말로 현명한 인물은 그런 것을 내세울 필요가 없다. 교활한 인간이 일반론을 내세우는 것을 보면, 그런 것에 의지하지 않을 수 없을 정도로 빈곤한 지식이 불쌍히 여겨질 따름이다.

세상에는 국가나 직업에 관해서뿐만 아니라, 갖가지 일반론들이 활개를 치고 있다. 그것들 중에는 틀린 것도 있고 올바른 것도 있다. 그러나 대체로 말하면, 자신의 생각을 갖지 않은 사람이 '일반론'이라는 낡은 장식품을 몸에 지니고 남의 눈에 띄게 되기를 바라고 있다.

나는 그런 사람이 남의 웃음을 자아내게 하려고 일반론을 내세우면, 일부러 위엄 있는 얼굴을 하고서 "그렇습니까, 그래서요?"라며, 그 계속이 당연히 있어야 할 것이 아니냐 하는 태도를 취한다. 그러면 자신 없고 농담 같은 일반론밖에는 아무런 근거가 없는 상대는 그 다음 말을 계속하지 못하고 어찌할 바를 몰라 우물쭈물한다.

결국, 자기 자신이 확고한 지식을 가지고 있는 사람은 일반론 따위에 의지하지 않더라도, 말하고 싶은 것은 명확히 말할 수 있는 것이다. 시시한 일반론에는 외면하고, 그런 것을 내세우지 않아도 충분히 즐겁고 유익한 화제를 제공할 수 있다. 결국, 그런 사람은 빈정거려 말하거나 일반론을 증거로 내세우지 않고서도, 상대편을 지루하게 만드는 일 없이 기지에 찬 이야기를 할 수 있는 것이다.

2

너에게는 사물을 생각하는 훌륭한 '두뇌'가 있지 않은가?

 너는 이제 사물을 차분히 생각할 수 있는 나이라고 생각한다. 같은 나이 또래의 청년으로서 그것을 할 수 있는 사람은 아직 많지 않으리라고 생각하지만, 너는 꼭 사물을 깊이 생각하는 습관을 몸에 익히기 바란다. 하기야 나도 그렇게 하기 시작한 것은 그렇게 오래된 일은 아니란다(너를 위해서라면 감히 부끄러움을 무릅쓰고 고백한다). 16~17세까지도 나는 자기 스스로 생각하지를 못했다. 그 후 조금은 생각하게 되었으나, 생각한 것을 무엇인가에 소용되게는 하지 못했다. 오로지 읽은 책의 내용을 이해하지도 못하고 그대로 받아들였고, 교제한 사람들이 말하는 것을 그 옳고 그름을 생각하지 않고 그대로 받아들였다.

시간과 노력을 기울여 진실을 추구하기보다는 설사 틀리더라도 편한 것이 좋다는 사고 방식이었다. 생각하는 것을 귀찮게 여겼고 놀기에도 바빴다. 그리고 상류 사회의 독특한 사고 방식에 대해서 다소 반항도 하고 있었다.

그러한 형편이었기 때문에 분별 있는 생각을 갖기는커녕 정신을 차렸을 때는 편견에 말려 들어 가고 있었다. 스스로는 깨닫지 못했지만 진리를 추구하는 대신에 잘못된 생각을 기르고 있었던 것이다.

그렇지만 일단 스스로 생각하려고 하는 뜻을 세우고, 그것을 시작해 보니 놀랍게도 사물을 보는 눈이 달라졌다. 주어진 사고 방식으로 사물을 보거나, 실체가 없는 곳에 힘이 있다고 착각하고 있었던 그 전과 비교할 때, 사물이 얼마나 정연하게 보였는지 모른다.

물론 나는 지금도 남으로부터 받은 사고 방식에서 벗어나지 못하고 있는지도 모른다. 오랜 세월 동안에 남으로부터 받은 사고 방식이 그냥 그대로 자기 자신의 사고 방식이 된 것도 있을 것이다. 사실상, 젊었을 때 가르침을 받아 그냥 그대로 줄곧 그것이 옳다고 생각해 온 것과, 노년에 이르러 자신의 힘으로 길러낸 사고 방식과의 구별을 할 수 없는 경우도 있기는 하다.

'독단'과 '편견'에 사로잡혀 먼 길로 돌아가고 말았던 나의 경험

나의 맨 처음 편견은(소년 시절의 도깨비나 망령, 악몽 등에 대한 잘못된 사고 방식은 제외한다), 고전에 대한 절대주의였다. 이것은 많은 고전을 읽거나, 선생님들로부터 강의를 받는 동안에 자연적으로 갖게 된 것인데, 그것

을 신봉하는 정도는 굉장한 것이었다.

나는 최근 1500년 동안, 이 세상에 양식이나 양심 따위는 그 부서진 조각조차도 존재하기 않는다고 믿고 있었다. 양식 있는 것, 양심적인 것은 고대 그리스·로마 제국과 함께 멸망해 버렸다고 생각하고 있었던 것이다. 호메로스(Homeros 또는 Homer; 그리스 최고 최대의 서사시 〈일리아드〉·〈오디세이〉의 작가)와 베르길리우스(Vergilius 또는 Virgil; 70~19 B.C. 로마 최대의 시인)와 타소(Tasso; 1544~1594. 16세기 이탈리아 최대의 서사 시인)는 현대인이기 때문에 볼 만한 것이 없다고 생각하고 있었다.

그렇지만 지금은 다르다. 지금에 와서는 300년 전의 인간이나 지금의 인간이나 똑같다는 것을 잘 알 수 있다. 어느 편이나 평범한 인간이며, 다만 그 존재 방식이나 관습이 시대에 따라서 변할 뿐이고 인간의 성질 따위는 예나 지금이나 변할 리가 없다. 동물이나 식물이 1500년 전, 또는 300년 전과 비교하여 아무것도 진보하고 있지 않은 것과 마찬가지로, 인간도 1500년 전, 300년 전의 인간들이 더 똑똑하고 용감하며 현명하였다고 하는 것은 있을 수 없는 일이다.

학자인 체하는 교양인은 자칫 고전을 신봉하고, 그렇지 않은 사람은 현대의 것들에 열광적인 팬인 경우가 많다. 그렇지만 지금 말한 것들을 종합해서 생각해 보면, 현대인에게도 고대인에게도, 장점과 결점이 있으며, 좋은 일도 하고 나쁜 일도 한다는 말이 되지 않을까? 뒤늦게나마 나는 그렇게 납득했던 것이다.

고전에 대한 독단적인 생각도 상당했고, 종교에 대한 편견도 상당한 것이었다. 한때는 영국 국교를 믿지 않으면 이 세상에서 가장 정직한 사람이라도 구원을 받지 못한다고 진심으로부터 믿고 있었을 정도였다.

사람의 생각이나 의견은 그리 간단히 바꿀 수 없는 것이라는 것, 또 자신의 의견이 다른 사람의 의견과 당연히 다를 수 있는 것처럼 다른 사람도 나와 의견이 당연히 다를 수 있으며, 그것은 용서할 수 없는 것이 아니고, 설사 의견이 다르더라도 서로 진지하면 그것으로 족하며 서로 관용하게 되어야 한다는 것을 나는 당시에는 알지 못했던 것이다.

세번째의 독단적인 생각은, 앞에서도 말했지만, 즉 사교계에서 남의 눈에 띄기 위해서는 '언뜻 보기에 놀기 잘하는 한량'처럼 뽐낼 필요가 있다고 하는 어리석은 생각이었다. '놀기 잘하는 한량'처럼 보이는 사람들이 사교계에서 주목을 끈다는 말을 듣고서, 깊이 생각해 보지도 않고 그냥 그대로 자신의 목표로 설정해 버린 것이다. 그보다도 그것을 부인함으로써 그것을 목표로 삼고 있는 사람들로부터 비웃음을 사고 싶지 않다는 마음이 있었는지도 모른다.

그렇지만 지금은 그런 것이 두렵지 않다(이 나이로서는 당연하지만). 본인들은 '놀기 잘하는 한량'이라고 뽐내고 있지만 아무리 박식한 사람이라도, 그들이 말하는 훌륭한 신사라도, '놀기 잘하는 한량'은 단순한 오점에 불과하다. 그들이 인정을 받고 싶어하는 사람들로부터 오히려 낮은 평가를 받을 뿐이다. 게다가 자기 자신의 결점을 숨기려 하기는커녕 없는 결점까지도 있는 것처럼 보이려고 하는 사람까지 생긴다. 편견이라는 것은 정말 무서운 것이라고 생각한다.

'언뜻 보기에 그럴 듯하게 보이는 것'에 매혹당하지 말라

그렇지만 네가 가장 주의해 주기 바라는 것은, 잘못되어 있기는 하지만 그렇게 어리석지는 않은 사고 방식이다. 그것들은 이해력도 훌륭하고 사고 방식도 건전한 사람들이 간혹 진리를 추구하는 노력을 게을리하고, 집중력이 없고 통찰력을 가지고 있지 않았기 때문에 그냥 방치되어 온 것이다.

예는 많이 있지만, 그것들 중의 하나에는 유사 이래 줄곧 믿어져 온 '전제 정치 아래서는 참다운 예술도 과학도 자라지 못한다'고 하는 말이 있다. 과연 자유가 제한되어 있는 곳에서는 재능도 봉쇄되어 버리는 것일까? 이 생각은 언뜻 보기에는 그럴 듯하게 보이지만 나는 그렇게 생각하지 않는다.

농업과 같은 기술이라면 정치의 형태에 의하여 소유지나 이익이 보장되지 않을 경우, 확실히 진보하기는 어려울지 모르겠다. 그렇지만 전제 정치가 수학자나 천문학자, 또는 웅변가 등의 재능을 억제해 버린다고 하는 말은 진리일까? 그러나 그런 실례 따위는 들은 적이 없다.

확실히 시인이나 변사는 좋아하는 주제를 좋아하는 식으로 표현할 수 있는 자유는 빼앗길지도 모른다. 그렇지만 정열을 쏟을 대상을·빼앗기는 것은 아니다. 가령 재능이 있다면, 그것까지 잘려 버릴 염려는 없는 것이다.

무엇보다도 이 생각이 잘못이라는 것을 증명한 것은 프랑스의 작가들이었다. 코르네유, 라신(Racine; 1639~1699. 프랑스의 극작가), 몰리에르, 브왈로(Boileau; 1636~1711. 프랑스의 시인, 비평가), 라 퐁텐(La Fontaine; 1621~1695. 프랑스의 시인) 등은 아우구스투스(Augustus; 63~14 B.C. 로마 제정 초대의 황제) 시대와 필적할 만하다고 생각되는 루이 14세의 압제하에서 그 재능을 꽃 피웠던 것이다.

아우구스투스 시대의 우수한 작가들도 재능을 발휘한 것은 잔인하고 쓸
모없는 황제가 로마 시민의 자유를 구속하고 나서였다는 것을 기억하기 바
란다. 또, 편지라는 것을 다시 평가하게 된 것도 자유로운 풍조하에서가 아
니었다. 절대적인 권력을 쥐고 있었던 교황 레오 10세, 그리고 전에 없는
독재 정치를 행한 프란시스 1세의 시대에 장려되고 보호된 것이었다.

부디 오해하지 말 것을 부탁한다. 나는 결코 전제 정치의 편에 서서 이야
기하고 있는 것은 아니다. 독재는 내가 가장 싫어하는 것이다. 압제는 인간
의 기본적 권리를 침해하는 범죄적 행위라고 생각하고 있다.

'정말로 자신의 생각' 인가 어떤가 다시 생각해 본다

이야기가 길어졌는데, 자신의 머리를 써서 사물을 똑똑하게 생각하는 습
관을 길러 주기 바란다. 첫째, 현재의 네 사고 방식을 하나하나 점검하여
정말 자신의 생각으로 그렇게 생각했는가, 남이 가르쳐 준 대로 생각하고
있는 것은 아닌가, 편견이나 독단적 생각은 없는가, 하고 생각하는 일로부
터 시작하기 바란다.

편견이 없어지면 자신의 머리를 써서 여러 사람들의 의견을 듣고 옳은가
그른가, 어디가 옳지 않은가를 생각하고 모든 것을 종합해서 자기 자신의
생각을 갖기 바란다.

좀더 일찍부터 자신이 판단하여 두었더라면 좋았을걸 하고 후회하는 일

이 없도록 조금이라도 빨리 시작할 일이다. 물론 인간의 판단력이 언제나 옳다는 것은 아니다. 틀릴 수도 있을 것이다. 그렇지만 이렇게 하는 것이 가장 적게 틀리는 지침임에는 변함이 없다. 그것을 보충해 주는 것이 책이고, 또한 사람과의 교제인 것이다. 그러나 책이든 사람과의 교제이든 과신하여 무턱대고 그냥 받아들여서는 안 된다. 그것들은 어디까지나 인간에게 주어진 판단력의 보조물에 불과하다.

번잡하고 귀찮은 일은 여러 가지 많지만, 그것들 중에서도 특히 많은 사람들이 생략하고 싶어하는 '생각한다'고 하는 작업만큼은 부디 생략하지 않도록 하기 바란다.

3

어떠한 상황에서도 흐려지지
않는 올바른 판단력을 기른다

 어떠한 장점이나 덕행에도 그와
비슷한 단점이나 부덕이 있는 법이
며, 한 발 잘못 디디면 생각지도 못
한 과오를 범하는 수가 있다. 관대
함은 정도가 지나치면 응석받이를
만들고, 절약은 인색함이 되고, 용기는 무모함이 되고, 지나친 신중은 비겁
함이 된다.

그렇게 생각하면, 결점이 없도록 그리고 부도덕한 행위를 하지 않도록
주의하는 것 이상으로, 장점이나 덕을 가지고 있다는 것에는 주의가 필요
한 것이 아닌가 하는 생각이 든다.

부도덕한 행위라는 것은 그것 자체는 아름다운 것은 아니다. 그러므로
한 번 보면 무의식중에 눈을 돌려 버리게 되어, 그 이상 깊이 관련하고자

하는 생각은 일어나지 않는다(물론, 잘 위장되어 있으면 이야기는 다르지만).

그런데 도덕적 행위 그것 자체는 아름답다. 그러므로 처음 보았을 때부터 마음을 빼앗기고, 보면 볼수록, 알면 알수록 매료되어 간다. 그리고 얼마 안 가서 자신도 취해 버리는 것이다(아름다움에 관해서는 언제나 그렇지만).

올바른 판단이 필요한 것은 이 때이다. 도덕적 행위를 끝까지 계속 도덕적 행위가 되게 하기 위해서, 장점을 끝까지 계속 장점이 되게 하기 위해서는 매혹당하여 정신을 잃으려고 하는 자신을 채찍질하여 버티고 있어야 한다.

이런 말을 꺼낸 것은 다름 아니라, '학식이 풍부하다'고 하는 장점이 빠지기 쉬운 함정에 관해서 이야기를 하고 싶었기 때문이다.

지식이 많다는 것도, 올바른 판단력이 없으면 '아니꼽다'라든가 '박식한 체한다'고 하는 엉뚱한 힘담을 듣게 될지도 모른다. 너도 언젠가는 많은 지식을 익히게 될 것이다. 그 때를 위하여 보통 사람들이 빠지기 쉬운 함정에 빠지지 않도록 지금부터 주의를 해 두는 것도 나쁘지는 않을 것이다.

지식은 풍부하게 몸가짐은 겸허하게

학식이 풍부한 사람은 지식에 자신이 있는 나머지 남의 의견에 귀를 기울이지 않는 일이 많다. 그리고 일방적으로 판단을 강요하거나 멋대로 단정하거나 한다.

그렇게 하면 어떤 결과가 오겠는가? 그렇게 억압당한 사람들은 모욕을 당하고 상처를 입었다고 생각하여 온순하게 따르지 않는다. 격분하고 반항

할 것이다. 심한 경우는 법적 수단에 호소하는 사태가 일어날지도 모른다.

이것을 피하기 위해서는, 지식의 양이 늘어나면 늘어날수록 좀 소극적으로 나가야 한다. 겸허해야 한다. 자기 자신을 내세우면 안 된다. 확신이 있는 일에 관해서도 별로 확신이 없는 것처럼 한다. 의견을 말할 때도 딱 잘라서 말하지 않는다. 남을 설득하고 싶으면 상대편의 의견에 차분히 귀를 기울인다. 그만한 겸허함이 없으면 안 된다.

만일 네가 학자인 체하여 아니꼬운 녀석이라는 지탄을 받기 싫다면, 그렇다고 또 학문이 없는 것처럼 보이기도 싫다면, 가장 좋은 방법은 자기 지식을 자랑하지 않는 일이다. 주위 사람들과 똑같이 평범하게 이야기한다. 화려하게 꾸미지 말고 순수하게 내용만을 전달하면 된다. 주위 사람보다 조금이라도 훌륭한 것처럼 보이게 하거나, 학문이 있는 것처럼 보이려고 하면 안 된다.

지식은 회중시계처럼 살짝 호주머니 속에 넣어 두면 된다. 내보여 자랑하고 싶어서 굳이 필요도 없는데 호주머니 속에서 꺼내 보거나, 남에게 시간을 가르쳐 주거나 할 필요는 없다. 시간을 묻는 사람이 있으면 그 때만 대답하면 된다. 시간의 파수꾼이 아니니까 누가 묻지도 않는데 시간을 알려 줄 필요는 없다.

학문은 몸에 지니고 있지 않으면 곤란한 쓸모 있는 장식품과 같은 것이다. 몸에 지니고 있지 않으면 크게 창피를 당하게 된다. 그렇지만 지금 내가 말한 것과 같은 잘못을 저질러서 비난을 받지 않도록 부디 주의하지 않으면 안 된다.

4
근거 있는 이야기만으로는
훌륭한 열매를 맺지 못한다

 오늘은 아주 피곤하다. 녹초가 되었다. 아니, 혼났다고 말해야 좋을지 모르겠다. 친척 뻘되는 학식이 풍부하고 실로 훌륭한 신사가 나를 찾아와서, 함께 식사하고 함께 저녁 한때를 보낸 것이다.

이렇게 말하니, 왜 피곤했어요? 오히려 즐거웠던 게 아니에요? 라고 생각할지 모르지만 이거야말로 정말 구제 불능이었던 것이다.

이 인물은 예의도 모르거니와 말할 줄조차 모르는, 이른바 '학자 바보'였다.

흔히 잡담을 '근거도 없는 시시한 이야기'라고 말하기도 하지만, 이 사람의 이야기는 근거가 있는 이야기뿐이었다. 이것에는 진절머리가 났다. 무던한 잡담이라면 밑도 끝도 없는 편이 얼마나 고마운지 모른다.

아마도 오랜 동안 연구실에 처박혀서 모든 일들에 관해 생각을 거듭한 끝에, 자기 주장을 확립한 것이리라. 말 끝마다 자기 주장을 들고 나와, 내가 조금이라도 거기에서 벗어난 말을 하기라도 하면, 눈을 뒤집어까고 분개한다. 확실히 그의 주장은 모두 지당하다. 그런데 유감스럽게도 현실성이 결여되어 있었다.

왜 그런지 알겠느냐? 책만 읽었지, 사람과 교제를 하지 않았기 때문이다. 학문에는 조예가 깊지만, 인간에 대해서는 전혀 무지하기 때문이다.

자기 생각을 말로 표현할 때도 말하는 것이 굉장히 힘들었다. 말이 입에서 쉽게 나오지 않는다. 나왔는가 하면 곧 끊어진다. 게다가 그 말하는 품은 무뚝뚝하고 동작은 세련되어 있지 않았다. 나는 곰곰이 생각하였다. 아무리 학식이 풍부한 훌륭한 인물이라도, 이런 사람과 이야기를 하지 않으면 안 될 정도라면, 조금은 세상을 알고 있는 교양 없는 수다장이 여인과 이야기하는 편이 얼마나 더 나은가 하고.

'학식은 풍부' 하나 '세상을 모르는' 자만큼 처치 곤란한 자는 없다

세상을 모르는 자가 휘두르는 이론은, 세상은 그렇게 판에 박은 듯이 돌아가지 않는 것이라는 것을 아는 인간을 피로하게 만든다. 가령, '세상은 그런 것이 아니란 말이오' 라고 말참견을 한다 하더라도, 그런 말참견을 시작하면 끝이 없고, 게다가 상대는 이쪽 말에는 귀도 기울이지 않을 것이다.

그것도 당연하긴 하다. 상대는 옥스퍼드 대학이나 케임브리지 대학에서 힘들여 연구한 사람이니까. 예를 들어, 인간의 두뇌에 관해서, 마음에 관해서, 이성, 의지, 감정, 감각, 감상에 관해서…… 등등, 보통 사람이 생각지도 못하는 곳까지 세분화해서, 인간을 철저히 연구하고 분석하고 그렇게 해서 자기 학설을 확립한 것이다. 그러니 그렇게 쉽게 물러설 리가 없다. 자기가 옳다고 생각하는 것도 당연하다.

그것은 그것 나름으로 훌륭한 일이라고 나는 생각한다. 다만 곤란한 것은, 그는 실제로 인간을 관찰한 일도 없고 교제한 일도 없으므로, 세상에는 갖가지 인간이 있다는 것, 갖가지 관습, 편견, 기호가 있다는 것, 그리고 그것들을 모두 종합한 끝에 한 사람의 인간이 존재한다는 것을 전혀 모르고 있다는 것이다. 요컨대, 인간에 관해서는 완전히 무지라는 것이다.

그런 형편이기 때문에, 예를 들어 연구실에서 '인간은 칭찬을 받으면 기뻐한다'고 하는 이론을 발견하여, 자신도 그것을 실천하려고 했다. 하지만 그 방법을 모른다. 모르면 어떻게 하나? 그렇다. 무턱대고 마구 칭찬할 수밖에 없다. 그렇게 하면 결과가 어떻게 되는가는 쉽게 상상할 수가 있을 것이다.

칭찬했다고 생각하는 말이 장소에 어울리지 않았거나, 딱 들어맞지 않았거나, 기회가 나빴거나…… 그러한 것이었다면 차라리 아무 말도 하지 않는 편이 더 나을 것이다. 그들은 머리 속이 자기 생각으로 가득 차 있어, 주위 사람들이 지금 어떠한 상황에 있는가, 어떠한 이야기를 하고 있는가에는 생각이 미치지 않는다. 또 생각하려는 마음조차도 없다.

그래서 가는 날이 장날이었다는 식으로 앞뒤 생각지 않고 칭찬해 버린다. 칭찬을 받은 사람이 어리둥절하고 당황하고, 다음에는 또 무슨 말을 듣게 될까 조마조마해 하는 것도 무리가 아니다.

인간은 무슨 빛깔로든지 변할 수가 있다

세상을 모르는 학자에게는, 아이잭 뉴턴이 프리즘을 통해서 빛을 보았을 때처럼, 인간이 몇 가지 빛깔로 분류되어 보이는 것이다. 이 사람은 이 빛깔, 저 사람은 저 빛깔이라는 식으로 말이다. 그런데 경험이 풍부한 염색업자는 다르다. 빛깔에는 명도가 있고 채도가 있다는 것을 알고 있다. 한 빛깔로 보여도 갖가지 빛깔이 섞여 있다는 것을 알고 있다.

애당초 한 빛깔만으로 된 인간은 없는 법이다. 다소는 다른 빛깔이 섞여 있거나, 그림자가 들어 있거나 한다. 그것뿐이 아니다. 비단이 빛을 받는 정도에 따라서 어떠한 빛깔로도 변하는 것처럼, 상황에 따라서 어떠한 빛깔로도 변하는 것이 인간인 것이다.

이런 것은 세상을 알고 있는 사람이라면 누구나 다 알고 있다. 그런데 세상에서 격리되어 홀로 연구실에 틀어박혀 있는 자신만만한 학자는 그것을 모른다. 이것은 머리로 생각해서 알 수 있는 것이 아니다. 그러므로 공부한 것을 실천하려고 해도 앞뒤가 맞지 않아 생각대로 되지 않는다. 춤추는 것을 본 일이 없는 사람이나 춤을 배운 일이 없는 사람은 아무리 악보를 읽을 수 있고 멜로디나 리듬을 이해할 수 있더라도 춤을 출 수는 없을 것이다. 그것과 마찬가지다.

그러한 점에서, 자신의 눈으로 보고 귀로 듣고서 세상을 알고 있는 사람은 전혀 다르다. 이와 똑같이 '칭찬하는' 위력을 안다면, 언제 어디서 어떻게 칭찬하면 좋은가를 잘 알고 있다. 말하자면 환자의 체질에 따른 투약을 할 수가 있는 것이다.

그들은 직접 칭찬하는 일은 거의 하지 않는다. 완곡하게 비유적으로 혹은 암시적으로 칭찬을 한다. 결국, 머리로 생각하는 것과 현실 사이에는 커다란 격차가 있다는 것을 알아야 한다.

책에서 얻은 '지식'은 실생활에서 살려야 비로소 '지혜'가 된다

그런데 너는 지식도 인격도 훨씬 모자란 사람들이 우수한 사람들을 상대로 눈치 채지 않고 능숙하게 그들을 조종하고 있는 것을 본 일은 없는가? 나는 지금까지 몇 번이고 그러한 예를 보아 왔다. 그런 일이 가능한 것은 반드시, 열등한 사람들 쪽이 세상을 사는 지혜에 뛰어난 경우였다. 그들은 지식과 인격은 있지만 세상 물정에 어두운 사람들의 맹점을 파고들어 그들을 마음대로 움직이고 있는 것이다.

자기 눈으로 보고 관찰하고 실제로 체험해서 세상을 알고 있는 사람은 단지 책을 통해서밖에 세상을 모르는 인간과는 근본적으로 다르며, 더 우수하다. 그것은 잘 훈련받은 말이 노새보다는 훨씬 쓸모 있다는 것과 똑같다.

너도 이제 슬슬, 지금까지 공부해 온 것, 보고 들은 것을 총괄하여 자기 나름의 판단을 해서 자기의 인격이나 행동 양식이나 예의 범절을 확립하지 않으면 안 되는 시기에 이르렀다. 앞으로는 세상을 알고 더 한층 연마하기만 하면 된다. 그런 뜻에서, 사회에 관해서 씌어진 책을 읽는 것은 좋은 일이다. 책에 기록되어 있는 것과 현실을 비교해 보면 공부가 될 것이다.

이를테면 오전 중의 공부 시간에 라 로슈푸코(La Rochefoucauld; 1613~1680. 프랑스의 모럴리스트)의 격언을 몇 개 읽고, 깊이 고찰하였다고 하자. 그것을 밤에 사교장에서 만나는 사람들에게 적용시켜서 생각해 보면 좋다.

라 브뤼에르(La Bruyere; 1645~1696. 프랑스의 모럴리스트)의 책을 읽었으면, 거기에 묘사되어 있는 세계는 어떠한 것인가를 실제로 밤의 사교장에서 확인해 보는 것이다.

책에는 인간의 마음의 움직임이나 감정의 동요 등 여러 가지 일들이 씌어 있다. 그것을 미리 읽어 둔다는 것은 좋은 일이다. 그렇지만 그것으로 끝나서는 안 된다. 실제로 사회에 발을 들여놓고 관찰하여라. 그런 것들을 하지 않으면 모처럼 얻은 지식도 산지식이 되지 못한다. 그렇기는커녕 오히려 잘못된 방향으로 나아가 버린다. 방 안에서 세계 지도를 펴 놓고 눈이 뚫어지게 들여다본들, 세계에 관해서는 아무것도 알지 못하는 법이다.

5

어떻게 하면 자기에게
'설득력'이 생기는가?

오늘은 영국에서 율리우스력(Julius 曆)을 그레고리력(Gregorius曆)으로 개정하기 위한 법안을 상원에 제출하였을 때의 일에 관해서 자세히 이야기해 보려고 한다. 틀림없이 너에게 참고가 될 것이라고 생각한다.

율리우스력이 태양력을 11일 초과하고 있는 부정확한 달력이라는 것은 모두들 잘 알고 있는 사실이었다. 그것을 개정한 사람이 교황 그레고리우스 13세이다. 그레고리력은 즉시 유럽의 가톨릭 국가에 받아들여졌고, 계속해서 러시아와 스웨덴과 영국을 제외한 모든 프로테스탄트 국가에 받아들여졌다.

나는 유럽의 주요 국가들이 그레고리력을 채용하고 있는데, 여전히 우리 나라가 잘못이 많은 율리우스력을 채용하고 있다는 것은 매우 불명예스러운 일이라고 생각하였다. 나 이외에도 해외에 왕래하고 있었던 정치가들이나 무역상들 중에는 불편과 불합리함을 느끼고 있는 사람이 많이 있었던 것 같았다.

그래서 나는 영국의 달력을 개정하기 위하여 여론을 수렴하고 법안을 상정하기로 결심하였다.

한 나라의 역사를 바꿔 버린 '나의 화술'

먼저, 나라를 대표할 만한 우수한 법률가와 천문학자 몇 사람의 협력을 얻어서 법안을 작성하였다. 나의 고생이 시작된 것은 여기서부터이다. 당연한 일이지만, 법안에는 법률 전문 용어와 천문학상의 계산이 가득 담겨져 있다. 그리고 그것을 제안하기로 되어 있었던 사람은 그 어느 쪽 사정도 모르는 나였던 것이다.

법안을 성립시키기 위해서는 나에게도 다소의 지식이 있다는 것을 의회 사람들에게 알릴 필요가 있었고, 또 나와 마찬가지로 이런 일을 잘 모르는 의원들에게도 조금은 납득이 간 것 같은 기분을 갖게 할 필요가 있었다.

나로 말하자면, 천문학의 설명을 하는 것도, 켈트어나 슬라브어를 배워 그 언어로 말을 하는 것과 같이 크게 어려운 일은 아니었지만, 의원들 편에서 보면 어려운 천문학의 이야기 따위는 별 흥미가 없을 것임에 틀림없다고 생각되었다. 그래서 결단을 내려 내용 설명이나 전문 용어의 나열은 집어치우고 의원들의 마음을 붙잡는 일에만 노력을 기울이기로 하였다.

나는 이집트력에서부터 그레고리력에 이르기까지의 경위만을 가끔 일화를 섞어 가면서 재미있게 설명하였다. 말씨, 문체, 화술, 몸놀림에는 특히 신경을 써서 설명했다. 이것은 성공이었다. 앞으로도 이러한 방법은 성공할 것임에 틀림없다.

의원들은 납득이 간 것 같은 기분이 되어 있었다. 과학에 대한 설명 같은 것은 아무것도 하지 않았고, 또 그렇게 할 생각도 없었음에도 불구하고 여러 의원들이 나의 설명으로 모든 것을 명백히 알았다고 발언하였다.

나의 설명에 이어서, 법안 통과를 후원하여 법안 작성에 누구보다도 힘을 써 준, 유럽 제일의 수학자이자 천문학자이기도 한 마크레스필드 경이 전문적인 이야기를 하였다. 그런데 그의 이야기하는 태도가 별로 안 좋았던지, 실로 불합리한 일이지만 나에게 모든 찬사가 집중되어 버렸다. 세상은 그런 것이다.

너도 기억나는 일이 있을 것이다. 말을 걸어 온 사람이 거친 목소리의 묘한 억양으로 이야기하거나, 엉망진창이거나, 말의 순서도 틀리는 것 투성이라면…… 그럴 경우, 이야기의 내용에 귀를 기울일 기분조차, 아니, 그 사람의 인격에 눈을 돌릴 기분조차 없어지는 것이 아닐까? 적어도 나는 그렇다.

그런데 이와는 정반대로 호감이 가는 방법으로 이야기하는 사람은 이야기의 내용까지 훌륭하게 들리고 그 사람의 인격에까지 반해 버리게 된다.

내용도 중요하지만 지엽적인 부분이야말로 중요하다

만일 네가 전달하고자 하는 내용을 아무런 꾸밈도 보태지 않고 논리 정연하게 이야기할 수 있으면, 그것으로 충분하다고 생각하고 정계에 들어갈 생각이라면 그것은 터무니없는 잘못이다. 사람들 앞에서 이야기할 때는 이야기의 내용이 아니라, 달변인가 아닌가에 따라서 그 사람의 평가가 결정되어 버린다.

사사로운 모임에서 사람의 마음을 붙잡고자 할 때든, 공적인 모임에서 청중을 설득하고자 할 때든, 이야기의 내용도 중요하지만 말하는 사람의 분위기, 표정, 몸짓, 품위, 목소리를 내는 방법, 사투리의 유무, 어디를 강조하는가, 억양 등 말하자면 지엽적인 부분이야말로 더 중요하다.

나는 피트 씨와 스토마운트 경의 백부뻘되는 사법 장관 뮤레이 씨가 이 나라에서 가장 연설을 잘하는 인물이라고 생각하고 있다. 이 두 사람 말고 영국 의회를 조용하게 만들 수 있는 사람, 즉 논쟁의 과열을 진정시킬 수 있는 사람은 없다. 이 두 사람의 연설은 시끄러운 의원들을 침묵시켜 열심히 귀를 기울이게 할 수 있는 힘을 가지고 있다. 그 분들이 연설하고 있을 때 가 보면 알 수 있다. 바늘이 떨어지는 소리까지 들릴 정도이다.

왜 두 사람의 연설이 그렇게 힘을 가지고 있는가? 내용이 훌륭하기 때문일까? 아니면 정확한 증거를 내세우고 있기 때문일까?

나도 그들의 연설에 매료된 사람 중의 하나이지만, 집에 돌아와서 왜 그렇게 매료당하는가를 생각해 본 일이 있다. 도대체 그 사람들은 무엇을 말했을까 하고 하나씩 하나씩 다시 생각해 보니 놀랍게도 내용은 거의 없고 테마도 설득력이 없는 때가 많았다. 요컨대, 그 연설의 표면상의 허식에 매료되어 있었음에 불과했던 것이다.

아무런 꾸밈도 없는 논리 정연한 화술은 지적 인간이 두세 사람 모이는 곳에서나 사사로운 모임에서는 설득력도 있고 매력도 있을지 모르겠다. 그렇지만 많은 인간을 상대로 하는 공적인 장소에서는 통용되지 않는다.

세상이라는 것은 그런 것이란다. 우리들은 연설을 들을 때 어떤 가르침을 받기보다는 아름답게 들을 수 있는 편을 택한다. 원래 가르침을 받는다는 것은 그다지 기분 좋은 일은 아니다. 무식하다는 말을 듣는 것과 같은 일이기 때문이다. 연설이 듣는 사람의 귀에 쏙쏙 들어가서 찬사를 받기 위해서는 우선 목청이 좋아야 하는 것이다.

이것은 연설이 그다지 능숙하지 못한 이 나라 사람들에게는, 그리고 특히 너에게는 다시 생각해 볼 가치가 있는 중요한 일이 아닐까?

6

자기 자신을 표현하는 '말씨'를
날마다 어떻게 갈고 닦아야 하는가?

 말을 잘하는 사람이 되고 싶으면 어떻게 하면 좋을 것인가?

말을 잘하는 사람이 되고 싶다는 목표를 항상 마음 속에 새겨 두고서 그 실현을 위해 책을 읽고 문장 연습을 하는 등 모든 노력을 거기에 집중시켜야 한다.

우선, 자기 자신에게 이렇게 말해 보자. 나는 사회에서 남 못지않은 인간이 되고 싶다. 그러기 위해서는 말을 잘해야 한다. 우선, 일상 회화를 갈고 닦으며 정확하고 품위가 있고 뽐내지 않는 화술을 몸에 익히도록 주의하자.

그리고 고전이나 현대 작품을 불문하고 웅변가들이 쓴 책을 많이 읽자. 말을 잘할 수 있게 되기 위해서 그것을 읽자. 자기 자신에게 그렇게 타이르는 것이다.

책에서 좋은 표현을 취한다

실제로, 그러한 목적으로 책을 읽을 때는 문체나 말씨의 사용법에 주의하면 좋다. 어떻게 하면 좀더 좋은 표현이 되는가. 자기가 똑같은 글을 쓴다면 어떤 점이 부족한가를 생각하면서 읽어야 한다.

똑같은 뜻을 가진 글을 쓰더라도 저자에 따라서 표현이 어떻게 다른가? 표현이 다르면 똑같은 내용이라도 인상이 얼마나 달라지는가에 주의하면서 읽으면 좋다. 아무리 훌륭한 내용이라도 말씨의 사용법이 우습거나, 문장에 품위가 없거나, 문체가 어울리지 않으면, 얼마나 흥이 깨지는가, 잘 관찰해 두면 좋다.

말하는 방법 · 문장을 쓰는 방법에 자기만의 독특한 '스타일' 을 연구한다

또, 아무리 자유로운 회화라도 아무리 친한 사람에게 보내는 편지라도, 자기만의 독특한 스타일을 갖는다는 것은 중요한 일이다.

이야기를 하기 전에 준비를 하는 일은 중요하지만, 미리 준비를 하지 못했을 경우에는 이야기가 끝난 뒤에, 좀더 좋은 화술은 없었을까 하고 반성해 보는 것도 화술 향상에 도움이 될 것이다.

말을 바르게 사용하고 명확히 발음한다

너는 우리들의 마음을 사로잡는 배우들이 어떤 식으로 말하고 있는가 주의해 본 적이 있는가? 잘 관찰해 보면 알겠지만 좋은 배우는 명확히 발음하고 정확한 말에 중점을 두는 법이다.

말이라는 것은 개념을 전달하기 위해서 있는 것이다. 그러므로 개념이 제대로 전달되지 않는 방법으로 말을 하거나, 듣기 싫은 방법으로 말을 한다는 것은 어리석기 이를 데 없다.

하트 씨에게 부탁하면 된다. 매일 큰 목소리로 책을 낭독하고 그것을 들어 달라고 부탁해라. 숨을 이어가는 방법, 강조하는 방법, 읽는 속도 등에 부적당한 곳이 있으면 일일이 그 대목에서 중지시켜 정정해 달라고 부탁해라. 읽을 때는 입을 크게 벌리고 한 마디 한 마디 명확히 발음하고, 조금이라도 빠르거나 말씨가 불명료하면 그 대목에서 지적해 달라고 부탁할 일이다.

혼자서 연습할 때도 자신의 귀로 잘 듣도록 해라. 처음에는 천천히 읽어, 말이 빨라지기 쉬운 너의 나쁜 버릇을 고치도록 유의해라. 너의 발음에는 걸리는 것과 같은 느낌이 있어, 빨리 말할 때에는 알아듣기 힘들 때가 있으니 말이다. 발음하기 어려운 자음이 있으면—너의 경우는 'r'일 것이다—완벽하게 발음할 수 있을 때까지 몇천 번이든 연습해라.

매일 자기 생각을 문장으로 정리하는 훈련을 해라

사회적인 문제를 몇 가지 골라서 그것에 관해 제기될 가능성이 있는 찬성 의견과 반대 의견을 머리 속에서 생각하고, 논쟁을 상정하여 보아라. 논쟁을 될 수 있는 대로 품위 있는 영어로 고쳐 보는 것도 좋은 공부이다.

예를 들어, 상비군의 가부에 관해서 생각해 본다고 하자. 반대 의견의 하나에는 강대한 군사력으로 말미암아 주변 국가들에게 위협을 줄 염려가 있다고 하는 것이 있을 것이다. 찬성 의견의 하나에는 힘에는 힘으로 대항할 필요가 있다고 하는 것이 있을 것이다.

이러한 찬반 양론을 생각해 볼 수 있는 한 생각해 보고, 이를테면, 본질적으로 악인 상비군을 갖는다는 것이 정황에 따라서는 타국의 악을 방지할 필요악이 될 수 있는가 어떤가를 차분히 생각해 보는 것이다. 그렇게 해서 자기 나름대로의 생각을 정리하여 그것을 우아한 문장으로 정리해 보면 좋다. 토론의 연습이 되기도 하고, 항상 능숙하게 이야기하는 습관을 몸에 익히는 데 도움이 되기도 할 것이다.

'듣는 사람이 무엇을 바라고 있는가'를 생각한다

사람을 제압하기 위해서는 과대 평가하지 않는 것이 중요하다고 말한 적이 있지만, 연설에서 청중을 기쁘게 하는 데도 그들을 과대 평가하지 않는 것이 중요하다.

나도 처음으로 상원 의원이 되었을 때는, 의회가 존경할 만한 사람들만 모여 있는 곳이라는 생각이 들어서 일종의 위압감을 느꼈던 것이 사실이다. 그렇지만 그것도 잠시일 뿐, 의회의 실정을 알게 되니 그런 생각은 즉각 사라져 버렸다.

나는 560명의 의원들 중에 사려 분별이 있는 사람은 기껏해야 30명 내외이고, 나머지는 거의 범인(凡人)에 가깝다는 것을 알았던 것이다. 그리고 품위 넘치는 말씨로 다듬어진 알맹이 있는 연설을 요구하고 있는 것은 그 30명 정도의 사람뿐이고, 나머지 의원들은 내용이야 어떻든 듣기에 좋은 연설을 들을 수 있다면 만족한다는 것 또한 알고 있었다.

그것을 알고부터는 연설할 때마다 긴장하는 일도 적어지고, 마지막에는 청중에 전혀 신경을 쓰지 않고 오로지 이야기의 내용과 화술에만 정신을 집중시킬 수 있게 되었다. 자랑삼아 하는 말은 아니지만, 어느 정도 알맹이 있는 이야기를 할 수 있을 만큼의 양식을 나는 갖추고 있다고 생각하기 시작한 것이다.

웅변가는 솜씨 좋은 제화공과 비슷하지 않을까? 웅변가나 제화공은 상대편—즉 청중, 고객—에게 어떻게 하면 맞출 수 있는가를 터득하고 나면, 그 뒤는 기계적으로 할 수 있다. 만일 네가 청중을 만족시키고 싶으면 청중이 기뻐하는 방법으로 만족시켜 주지 않으면 안 된다. 연설자는 청중의 개성까지 좌우할 수는 없다. 있는 그대로의 그들을 받아들일 수밖에 없는 법이다.

그리고 여러 번 말한 바와 같이 그들은 자기들의 오감(五感)이나 마음에 맞는 것만을 좋아하고 받아들인다.

라블레(Rabelais: 1494~1553. 프랑스의 의학자, 작가)도 역시, 맨 처음의 걸작은 아무에게도 받아들여지지 않았다. 독자의 기호에 맞추어서 〈가르강튀아와 팡타그뤼엘〉을 써서 비로소 독자들의 갈채를 받았던 것이다.

7

'자기의 이름'에 자신과
긍지를 가져라

 지난번에 네가 지출한 것이라고 하며 90파운드짜리 청구서가 나에게 왔는데, 나는 그 순간 지불을 거절하고 싶은 생각이 들었다. 금액이 문제가 되어서가 아니다. 이럴 경우에는 미리 상의하는 편지를 보내 주는 것이 관례로 되어 있는데도 네가 이 청구에 관해서 편지 한 장 보내 주지 않은 것이 그 이유 중의 하나이다.

그러나 그것 이상으로 너의 서명이 어디에 있는지 알 수가 없었던 것이다. 청구서를 가지고 온 사람이 가리키는 곳을 확대경으로 보고서야 비로소, 너의 서명이 맨 구석에 있는 것을 알았다. 처음에는 글씨를 쓸 줄 모르는 사람의 X표 서명인가 생각했는데, 웬걸 너의 서명이었단 말이다. 나는 일찍이 그렇게 작고 보기 흉한 서명을 본 적이 없다.

신사, 또는 적어도 사업 세계에 몸을 둔 자는 언제나 똑같은 서명을 하는 것이 관례로 되어 있다. 그렇게 함으로써 자신의 서명에 익숙해지고 가짜가 횡행하는 것을 방지할 수 있는 것이다. 또, 보통 서명할 때는 다른 문자보다는 좀 크게 쓴다. 그런데 너의 서명은 다른 문자보다도 작았고, 게다가 몹시 보기 흉했다.

이 서명을 보고서, 이런 서명을 할 때 너에게 일어날 수 있는 갖가지 좋지 않을 사태들을 상상해 보았다. 각료에게 이런 서명을 한 편지를 보낸다면, 이것은 보통 사람이 쓰는 글씨가 아니니 기밀 문서일지도 모른다며, 암호 해독 담당자에게 넘길 것이다.

만일 병아리를 보내는 척하고 그 속에 사랑의 편지를 숨겨 넣는다면(이것은 프랑스의 앙리 4세가 사랑의 편지를 보낼 때 곧잘 사용했던 수법으로, 때문에 지금은 병아리도, 짤막한 사랑의 편지도 똑같이 poulet라는 단어로 표현되고 있다), 그것을 받은 여인은 그 사랑의 편지가 병아리 장수가 쓴 것이라고 생각할 것임에 틀림없다.

서둘러라, 그러나 허둥대지 말라

허둥대고 있었기 때문에 그런 서명밖에 할 수 없었다고 너는 말할지도 모르겠다. 그러면 어째서 허둥대고 있었는가?

지성 있는 인간은 서두르는 일은 있어도 허둥대는 일은 없다. 허둥대면 일을 망친다는 것을 알고 있기 때문이다. 그러므로 서둘러서 일을 완성시키는 일은 있어도, 서두름으로써 일이 아무렇게나 되지 않도록 항상 마음을 쓰는 법이다.

소심한 사람이 허둥대는 것은 자신에게 주어진 일이 힘에 부친다는 것을 알았을 때이다(대개는 그렇다). 자신의 힘으로는 어쩔 도리가 없다고 생각하기 때문에 허둥대며 뛰어다니고, 머리를 썩이고, 결국 혼란에 빠져서 무엇이 무엇인지 모르게 된다. 이것저것 모두 한꺼번에 해치워 버리려고 하기 때문에 어느 것에도 손을 댈 수 없게 되는 것이다.

그 점에 있어서 분별이 있는 인간은 다르다. 손을 대려고 하는 일을 완전히 끝마치는 데 필요한 시간을 미리 준비해 두었다가, 서두를 때도 한 가지 일을 일관해서 서둘러 완성시킨다. 요컨대, 서둘러도 항상 냉정 침착하여 허둥대는 일이 없으며, 한 가지 일을 끝맺기 전에는 다른 일에 손을 대지 않는 것이다.

너도 여러 가지 할 일이 많아, 충분한 시간을 낼 수 없다는 것은 잘 알고 있다. 그렇지만 일을 아무렇게나 하려면, 차라리 절반은 완벽하게 하고 나머지 절반은 손을 대지 않은 채로 그냥 두는 편이 훨씬 낫다. 게다가 시장 바닥의 교양 없는 인간으로 오인받을 정도의 글씨를 쓰는 어리석음, 그런 품위 없는 짓을 해서 몇 초간의 시간을 벌었다고 해도 그 시간은 아무런 쓸모도 없는 것이다.

어린아이로부터 어른이 되는 것은 단 한 발, 단 한 걸음에 불과하다.

고독하게 되는 일, 자기 자신이 되는 일, 양친으로부터 떨어지는 일.

이런 일들이 어린아이가 어른이 되는 첫걸음인 것이다.

헤르만 헤세(1877~1962. 독일의 소설가. 시인)

제**6**장

일생의 우정을 어떻게 키울 것인가?

자기를 발전시켜 줄 친구, 이끌어 줄 친구를 어떻게 찾으며 어떻게 사귈 것인가?

1

친구는 너의 인격을 비추는
거울이다

이 편지가 네게 도착할 즈음이면
너는 베네치아에서 흥청거리며 소모
적인 사육제를 지내고 토리노로 주거
를 옮겨 면학 준비에 열중하고 있을
것이다. 나는 토리노에서 머무는 것
이 너의 공부에 도움이 되고, 또 너의 학력을 장식해 주기를 기도하고 있
으며, 또한 그렇게 되어 주지 않으면 곤란하다. 그렇지만 진실을 말하자
면 나는 전에 없이 너를 걱정하고 있단다.

들리는 말에 의하면 토리노의 전문 학교에는 평판이 그다지 좋지 않은
영국인이 많이 있다지? 그래서 이제까지 쌓아올린 것을 혹시 망가뜨리지나
않을까 하고 걱정이 되어 견딜 수가 없단다. 어떠한 사람들인지는 모르지
만, 그들은 떼를 지으면 거칠고 난폭한 행동을 하기도 하고 무례한 행동을

하기도 하여 마음의 편협함을 드러내고 있다는 이야기이다.

그런 일들은 자기들 동료들 사이에서만으로 그쳐 주었으면 좋겠는데, 그것으로 만족하는 사람들은 아닌 듯싶다. 같은 패거리가 되지 않겠느냐고 압력을 넣거나, 집요하게 권유를 계속하는 모양이다. 그리고 그것이 마음대로 되지 않으면 이번에는 업신여기며 무시하는 수법을 쓴다고 한다. 네 나이의 경험이 적은 젊은이에게 이것은 효과가 있을 것이다. 압력을 받거나 강제로 권유를 당하는 정도와는 비교도 안 된다. 부디, 이런 일에 말려들지 않도록 주의하기 바란다.

일반적으로 젊은이들은 어떤 부탁을 받으면 여간해서 싫다고 딱 잘라 말하지 못하는 법이다. 싫다고 하면 체면에 관계되는 것 같은 생각이 들지도 모른다. 게다가 상대편에게 미안한 생각도 들 것이다. 동료들에게서 따돌림당하여 고립되고 싶지 않다는 생각도 들 것이다. 그런 생각 자체는 나쁜 것이 아니다. 상대편의 뜻에 맞추고 기쁘게 해 주려는 생각은 상대편이 좋은 사람이라면 좋은 결과를 낳는다. 그러나 그렇지 않을 경우는 본의 아니게 상대편에 질질 끌려 다니는 최악의 사태를 가져온다.

만일 자기에게 결점이 있으면, 그 결점만으로 만족하기 바란다. 남의 나쁜 점을 흉내내어 결점을 증가시키는 일은 하지 말기 바란다.

쉽게 뜨거워지지 않고 쉽게 식지 않는 우정이야말로 진정한 우정이다

토리노의 대학에는 가지각색의 사람들이 있을 것이다. 그들과 금방 친밀

하게 사귈 수 있고, 또 친구도 될 수 있다고 생각하는 것은 잘못이다. 그것은 당치도 않은 자부심이다. 진정한 우정이라는 것은 그렇게 간단히 손에 들어오는 것이 아니다. 오랜 시간을 들여서 서로를 잘 알고 이해한 후가 아니면 진정한 우정은 자라지 않는다.

그러나 그렇지 않은 이름만의 우정이라는 것도 있다. 젊은이들 사이에 만연하고 있는 것이 이것이다. 이 우정은 잠시 동안은 뜨겁지만 잠깐 있으면 (고맙게도) 식어 버린다. 우연히 서로 알게 된 몇 사람의 동료들과 함께 무분별한 행위를 하거나 놀이에 미치거나 하는 일이 있을 것이다. 그것은 즉흥적인 우정이다. 술과 여자로 맺어져 있다니 정말 훌륭한(?) 우정이구나.

차라리 사회에 대한 반항이라고 정색하고 나서, 받아야 할 것을 받는 편이 애교가 있다고 생각하지만, 경박한 그들이 그런 재치를 발휘할 리 없다. 자신들의 값싼 관계를 우정이라고 부르고, 쓸데없이 돈을 빌려 주거나 '친구'를 위한다고 소동에 끼어들어 싸움질을 한다.

이런 사람들은 어떠한 계기로 일단 사이가 벌어지면 이번에는 손바닥을 뒤집듯이 상대편의 험담을 몽땅 털어놓고 다닌다. 일단 사이가 나빠지면 그만이고 두 번 다시 상대편을 생각해 주는 일은 없다. 오히려 지금까지의 '신뢰 관계'를 배반하고 우롱하기를 계속한다.

여기에서 한 가지 네가 주의해야 할 것은, 친구와 함께 노는 사람과는 다르다는 것이다. 함께 있으면 즐겁다고 해서 반드시 좋은 친구는 아니다. 아니, 오히려 반대로 친구로서는 적합하지 않은 인물인 경우가 꽤 있는 법이다.

시시한 인간은 가볍게 대하되 '적'으로 만들지는 말라

어떠한 친구를 가지고 있는가로 그 사람에 대한 평가는 어느 정도 결정되어 버린다고 해도 좋다. 반드시 이치에 어긋나는 말은 아니다. 그것을 정확하게 표현하고 있는 말이 스페인에 있다.

누구와 함께 살고 있는지 가르쳐 달라.
그러면
네가 어떠한 사람인지 알아 맞춰 보겠다.

부도덕한 자나 어리석은 자를 친구로 가지고 있는 사람은 그 사람도 좋지 않은 짓을 하고 있는 것이 아닐까, 숨겨 두고 싶은 비밀 같은 것이 있지 않을까 하고 의심을 받는 것이다.

그렇지만 여기서 주의하지 않으면 안 되는 것은 부도덕한 자나 어리석은 자가 접근해 왔을 경우, 눈치 채지 않게 몸을 피하는 것은 당연하다 할지라도, 필요 이상으로 냉담하게 대하여 적을 만들어서는 안 된다는 것이다. 친구로 삼고 싶지 않은 사람은 얼마든지 있겠지만 그렇다고 그들을 적으로 만들어서는 득이 될 것이 없다.

내가 그런 입장이라면 적도 아니고 내 편도 아닌 중간적 입장을 택하겠다. 이것이 안전한 방법이다. 좋지 않은 행동은 미워하지만 인간적으로는 적대시하지 않아야 한다. 일단 그들로부터 적의를 받게 되면 좋지 않다. 친구가 되는 것보다는 낫지만, 그래도 곤란한 일이 생긴다.

중요한 것은 상대가 누구든 간에, 말해서 좋은 것과 말해서는 안 되는 것, 해서 좋은 일과 안 되는 일을 분간하여 자기 자신을 통제하는 일이다. 분별하고 있는 체하는 것은 가장 나쁘다. 상대에게 불쾌감을 주고, 사실은 그렇지 않다고 할 경우, 오히려 상대를 화나게 만들어 버린다.

　진정한 뜻에서 사물을 분별하고 있는 사람은 적다. 대개는 시시한 것에 마음을 빼앗겨 완고하게 입을 닫아 버리거나, 반대로 자기가 알고 있는 것, 생각하고 있는 것을 모두 떠벌여 적을 만들어 버린다.

2

어떠한 사람과 교제해야
자기 자신이 발전하는가?

 친구에 관한 이야기는 이 정도로 해 두고 다음은 어떠한 사람과 교제할 것 인가에 관해 말해 보겠다.

자기 '아래'를 보지 말고 '위'만을 봐라

먼저, 될 수 있는 대로 자기보다 훌륭한 사람들과 교제하도록 노력하라. 훌륭한 사람들과 교제하면 자기도 그 사람들과 똑같이 훌륭하게 된다. 거 꾸로, 자기보다 못한 사람과 교제하면 자기도 그 정도의 인간이 되어 버린 다. 앞에서도 말한 바와 같이 인간은 교제하는 상대 여하에 따라서 어떻 든 변하는 법이다.

여기에서 '훌륭한 사람'이라고 내가 말하는 것은 가문이 좋다든가 지위가 높다든가 하는 의미는 아니다. 내실이 있는 사람들, 세상 사람들이 훌륭하다고 생각하는 사람들을 말하는 것이다.

'훌륭한 사람'에는 크게 말해서 두 종류가 있다. 사회에서 주도적인 입장에 있는 사람, 사교장에서 화려한 활동을 하는 사람 등 사회적으로 걸출한 사람들과, 특수한 재능이나 특징이 있는 사람, 특정 분야의 학문이나 예술에 뛰어난 사람 등 어느 한 분야에서 걸출한 사람들이다.

그렇다고 해서 자기 혼자만이 그렇게 생각하고 있어서는 안 된다. 다른 사람들이 모두 '훌륭하다'고 인정하여 그렇게 부르고 있는 사람들이어야 한다. 거기에 몇 사람인가 예외적인 인물이 있는 것은 상관없다. 오히려 그런 편이 바람직하다.

교제하기 적합한 그룹이라는 것은 단순한 뻔뻔스러움만 가지고 동료로 가입하거나, 어떤 중요 인물의 소개로 억지로 들어가거나 하는 가지각색 인간이 있는 집단인지도 모른다. 갖가지 인격을 가진 인간, 갖가지 도덕관을 가진 인간을 관찰하는 것은 즐겁고 유익하다. 게다가 그 주류는 훌륭한 사람들이다. 눈살을 찌푸려야 할 만한 인물은 절대로 가입할 수가 없다.

그런 뜻에서 말한다면, 신분이 높은 사람들만의 모임은 그 고장에서 훌륭하다고 인정을 받고 있지 않는 한 바람직하다고는 말할 수 없다. 신분이 아무리 높아도 머리가 빈 사람, 상식적인 예법을 모르는 사람, 아무 짝에도 쓸모없는 사람이 있기 때문이다.

학식이 풍부한 사람만이 모인 그룹도 그렇다. 세상에서 정중한 대우를 받거나 존경을 받는 것은 사실이지만, 교제하기에 적합한 그룹이라고는 말하기 어렵다. 앞에서도 자세히 말한 것처럼 그들은 마음 편하게 행동할 줄을 모른다. 세상을 모른다. 학문밖에 모르는 것이다.

그러한 그룹에 받아들여질 만한 재주가 너에게 있다면, 가끔 얼굴을 내미는 것은 대단히 좋은 일이라고 생각한다. 그 일로 너에 대한 평판이 좋아지면 좋아지지 나빠지는 일은 없을 것이다. 그렇지만 그 그룹에 틀어박혀 있는 것은 좀 생각해 볼 문제다. 이른바 세상 물정 모르는 학자의 동료라고 인정받아, 사회에서 활약할 때 족쇄가 되지는 않을까?

'적당히' 교제하는 것도 중요하다

재기에 넘치는 인물이나 시인은 대부분의 젊은이들이 함께 있기를 바라고 열중하는 상대가 아닐까? 자기에게도 재기가 있으면 즐거워서 못 견딜 것이고, 재기가 없는 사람은 재기 있는 사람과 교제하고 있는 것을 자랑으로 느낄 것이다. 그렇지만 그러한 재기 넘치는 매력적인 인물과 교제할 경우에는 완전히 빠져들어가서는 안 된다. 판단력을 잃지 말고 적당히 교제하는 것이 좋다.

재치라는 것은 남에게 그다지 기쁘게 받아들여지는 것은 아니다. 오히려 공포심을 일으키게 하는 경우도 있다. 일반적으로 주위에 사람의 눈이 있을 때는 날카로운 재치를 무서워하는 법이다. 그것은 여성들이 총을 보고 무서워하는 것과 비슷하다. 언제 안전 장치가 벗겨져서 총탄이 자기를 향해 날아올지도 모른다고 무서워하는 것이다.

그렇지만 이러한 사람들과 서로 알게 되고, 서로 친밀하게 교제하는 것은 그것 나름대로 뜻이 있는 일이요, 즐거운 일이다. 다만, 아무리 매력이 있다 하더라도, 다른 사람들과 교제하는 것을 일체 중지하고, 그 사람하고만 교제하는 것은 좀 생각할 문제가 아닐까 한다.

결점까지 칭찬하는 사람에게는 접근하지 말라

어떠한 일이 있어도 피해야 할 것은 수준이 낮은 사람과의 교제이다. 인격적으로 수준이 낮고, 덕이 모자라고, 두뇌가 떨어지고, 사회적 위치도 낮은 사람, 자기 자신은 아무것도 내세울 만한 장점이 없고, 너와 교제하고 있는 것만을 자랑으로 삼고 있는 그런 사람들이다. 그런 사람은 너를 붙잡아 두기 위하여 너의 결점까지 일일이 칭찬할 것이다. 그런 사람하고는 결코 교제해서는 안 된다.

너는 내가 이렇게 당연한 일에까지 주의를 주는 것에 놀라고 있지는 않을까? 그렇지만 나는 수준이 낮은 사람과 교제해서는 안 된다고 주의를 주는 것이 전혀 불필요하다고는 생각지 않고 있단다. 분별도 있고 사회적 지위도 확고한 분들이 그런 수준이 낮은 사람과 교제하여 신용을 떨어뜨리고 타락해 가는 것을 나는 이 눈으로 수없이 보아 왔기 때문이다.

여기에서 가장 문제가 되는 것이 허영심이다. 허영심 때문에 인간은 나쁜 일들을 수없이 일으켰고, 어리석은 행동을 하기에 이르렀다. 어느 모로 보나 자기보다 수준이 낮은 사람과 교제하는 것도 이 허영심 때문이다. 사람은 자기가 속한 그룹에서 으뜸이 되기를 바라는 법이다. 동료로부터 칭찬을 받고 싶고, 존경을 받고 싶고 마음대로 동료를 움직이고 싶다고 생각하는 법이다.

그런 시시한 찬사를 듣고 싶어서 수준이 낮은 사람들과 사귀게 되는 것이다. 그 결과는 어떻게 되리라고 생각하는가? 그렇다. 얼마 안 가서 자기도 그 사람과 똑같은 수준이 되어 버려, 좀 더 훌륭한 사람과 교제하려고 해도 그 뜻을 이루지 못하게 된다.

다시 한번 말하건대, 사람은 교제하는 상대와 똑같은 수준까지 올라가기도 하고 내려가기도 한다. 사람들은 네가 교제하는 상대를 보고 너를 평가한다.

3

강한 결의와 의지로 몸에
익힌 교제술

 나는 지금도 내가 처음으로 사교장
에 나가, 훌륭한 사람들을 소개받았을
때의 일을 뚜렷이 기억하고 있다. 아직
케임브리지 대학의 학생 티를 벗지 못
했던 나는, 눈앞에 있는 어른들이 눈부
시고 어렵기만 하여, 우뚝 선 채 몸도 가누지 못했던 것이다. '우아하게 행
동해야 한다'라고 자기 자신에게 타일러 보아도, 절하는 것이 남보다 머리
가 약간 낮을 뿐 부자연스럽고 딱딱하기 그지없었으며, 남이 말을 걸어 오
거나 내가 말을 걸려고 해도 손도 발도 머리도 입도 말을 듣지 않았다.

서로 귓전에서 뭔가 소곤거리고 있는 사람들의 모습이 눈에 들어오면,
나에 관해서 이야기하고 있는 것이라고 생각되었고, 그 자리에 있는 모든
사람이 나에게 손가락질하고, 나를 바보 취급하며, 비판하고 있다고 생각

되었다. 곰곰이 생각해 보면 나 같은 풋내기 따위에게 신경을 쓸 사람이 있을 리도 없는데 말이다.

나는 잠시 동안, 마치 감옥살이하는 죄인과 같은 심정으로 그 자리에 있었다. 만일 눈앞에 있는 사람들과 교제하여 자신을 갈고 닦으려는 강한 의지가 없었다면, 나는 그 자리에서 맥없이 물러서고 말았을지도 모른다. 그러나 끝까지 버텨 그 자리에 머물러 있었다. 어떻게 해서든지 그 자리에 자기 자신을 융합시키지 않으면 안 된다고 생각하였다.

그렇게 결심하니 마음이 조금 편안해지는 것을 느꼈다. 이젠 조금 전과 같이 보기 흉한 짓은 하지 않았다. 누가 말을 걸어 오더라도, 대답하는 말을 우물거리거나 더듬거리지 않게 되었다.

'좋은 계기' 는 자기 자신이 만들어 가야 한다

내가 사교장에서 곤경에 빠져 어찌할 바를 모르고 있는 것을 본 사람들이 이따금 내 곁에 와서 말을 걸어 주었다. 나는 천사가 나를 위로하러 온 것이다, 나에게 용기를 주러 와 준 것이라고 생각했다.

사실, 용기가 조금씩 솟아났다. 나는 아주 고상하게 보이는 부인에게로 가서 용기를 내어 "오늘은 좋은 날씨군요"라고 말을 걸었다. 그러자 이 부인은 아주 정중하게 "나도 그렇게 생각해요"라고 대답하여 주었다. 그리고는 대화가 끊어졌다. 적어도 나로서는 계속할 말을 발견할 수가 없었다. 그때 그 부인이 다시 입을 열었다.

"당황하실 필요는 없어요. 지금도 나에게 말을 거는 데 무척 용기가 필요하셨던 것같이 보이는데요……그렇지만 그렇다고 해서 여기에 계시는 분들과의 교제를 단념하려고 생각해서는 안 돼요. 다른 분들도 다 알고 계세요. 당신이 허물없이 사귀어야겠다고 마음먹고 있다는 것을. 그 마음이 중요해요. 그 다음은 그 방법을 몸에 익히는 거죠. 당신은 자신이 생각하고 있는 것처럼 사교에 서투른 분이 아니에요. 수업을 쌓으면 곧 훌륭하게 되실 수 있어요. 내 곁에서 배우고 싶으면 나의 제자로 삼아 친구들에게 소개해 줄 수도 있는데……."

이 말을 듣고 내가 얼마나 기뻤는지 상상할 수가 있겠느냐? 그리고 또 내가 얼마나 어색하게 대답했는가도. 나는 두세 번 헛기침을 했다. 그렇게 하지 않으면 목에 무엇인가가 늘어붙어 있는 것과 같은 느낌이어서 목소리를 낼 수가 없었다. 나는 가까스로 입을 열었다.

"말씀 감사합니다. 제가 제 행동에 자신을 가질 수 없는 데는 이유가 있습니다. 그것은 훌륭한 분들과 교제하는 데 익숙하지 않기 때문입니다. 그렇지만 저의 선생님이 되어 주신다니 그렇게 해 주시기를 기꺼이 바라겠습니다."

나의 더듬거리는 말이 끝날까 말까 하는 동안에 그 부인은 서너 명을 불러 모아서 프랑스어로 이렇게 말했다(당시 나는 프랑스에 있었다).

"여러분, 내가 이 젊은 분의 교육을 맡았습니다. 그것을 이 분은 몹시 기뻐하고 있습니다. 이 분은 틀림없이 내가 마음에 드셨던 모양입니다. 그렇지 않으면 나에게로 와서, 몸을 떨면서 용기를 내어, '오늘은 날씨가 좋군요'라고 말을 걸어 주지 않았을 거예요. 여러분들도 도와 주세요. 모두 함께 협력해서 이 젊은 분을 갈고 닦아 드립시다. 이 분에게는 본보기가 필요합니다. 만일 내가 적절한 본보기가 못 된다고 생각하면 다른 분을 찾겠지요. 그렇지만 그렇다고 해서 오페라 가수나 여배우 같은 사람을 택하면 안됩니다. 그런 사람들과 함께 있으면 세련되기는 고사하고, 부도 재물도 건강도 잃고 사고 방식은 거칠어져 타락하게 될 뿐이니까요."

뜻하지 않은 강의를 듣고 그 장소에 있었던 서너 명이 웃었다. 나는 무뚝뚝한 표정으로 서 있었다. 그 부인이 진심으로 말하고 있는 것인지 그렇지 않으면 나를 놀리고 있는지 알 수가 없었다. 나는 기쁘기도 하고, 부끄러운 생각이 들기도 하고, 용기를 얻기도 하고, 실망하기도 하면서 듣고 있었다.

교제에도 빼놓을 수 없는 것은 '의욕과 끈기'

나중에 알게 된 일이지만 이 부인도, 이 부인이 소개해 준 분들도 다른 사람들 앞에서 나를 정말로 잘 감싸 주었다. 나는 차츰 자신이 붙기 시작했다. 우아하게 행동하는 것이 이제는 부끄럽지 않게 되었다. 훌륭한 본보기를 발견하면 열심히 그것을 흉내내었다. 그리고 곧 보다 자유로운 기분으로 흉내낼 수 있게 되었고, 결국 그 모방에 자기 나름대로의 방법을 가미할 수 있게 되었다.

너도 남으로부터 호감을 사는 인간이 되고 싶고, 사회에서 남 못지않은 일을 하고 싶다고 결심하면 못하는 일이 없단다. 하고자 하는 의욕과 끈기만 있다면……

4

사람을 '있는 그대로' 평가
하는 안목을 길러라

젊은이들은 인간에 대해서나 사물에
대해서나, 보는 것 듣는 것 모두를 과
대 평가하기 쉬운 경향이 있다. 그것은
잘 모르기 때문이다. 진실을 알게 되면
그 평가는 점점 내려갈 것이다. 인간은
네가 생각하는 것만큼 그렇게 이지적이고 이성적인 동물이 아니다. 감정의
지배를 받고 간단히 무너져 버리는 연약함도 가지고 있단다.

일반적으로 유능하다는 평판을 받는 사람들도 절대적이 아니라는 것은
너도 알고 있을 것이다. 그런데도 역시 '유능하다'고 평가받는 것은 다른
사람들과 비교해서 그렇다는 것에 불과하다. 일반 사람들보다 결점이 적다
는 것만으로 '유능하다'고 불려지고 우위에 서 있는 것에 불과한 것이다.

그들은 우선, 자기 자신을 억제하고 결점을 줄임으로써 나머지 대다수

사람들을 잘 다루고 있는 것이다. 그 때, 이성에 호소하여 다루는 것과 같은 어리석은 짓은 하지 않는다. 감정과 감각 등 다루기 쉬운 점을 교묘하게 파고든다. 그러므로 실패하는 일은 거의 없다.

그렇지만 새삼스럽게 멀리서 자세히 보면 사람들이 위대하다. 완벽하다고 생각하고 있는 사람에게도 결점이 있다는 것을 손쉽게 알 수 있다. 저 위대한 브루투스(Brutus; 85~43 B.C. 로마의 정치가, 군인)도 그렇다. 마케도니아에서는 도적놈 같은 짓을 하지 않았던가! 프랑스의 추기경 리슐리외(Richelieu; 1585~1642)도 그렇다. 자신의 시적 재능을 조금이라도 높이 평가받으려고 보기에 좋지 않은 흉내를 내지 않았던가! 말버러 공작(Marlborough; 1650~1722)도 그렇다. 인색한 면을 보여 주지 않았던가!

너 자신의 눈으로 인간이란 어떠한 것인가를 알 수 있게 될 때까지는 라로슈푸코(La Rochefoucauld; 1613~1650. 프랑스의 모럴리스트) 공작의 〈격언집(Maxims)〉을 읽으면 좋다. 이 소책자를 매일 매일 잠시 동안이라도 좋으니 읽기 바란다. 이 책만큼 인간의 있는 그대로의 모습을 정확히 파악하고 인간에 관하여 많은 것을 일깨워 주는 책은 없다고 생각한다.

이 책을 읽으면 너도 인간을 필요 이상으로 과대 평가하는 일은 없게 될 것이다. 그렇다고 해서 인간을 부당하게 깎아내리고 있는 책은 아니다. 그 것은 내가 보증한다.

젊은이다운 밝음과 쾌활함을 잘 살려라

네 나이 또래의 젊은이들은 언제나 힘이 넘쳐 흐르고 있다. 선로를 놓아 주지 않으면 어디로 갈는지 알 수 없으며, 자칫하면 넘어져 목뼈가 부러질 염려도 있다. 그렇지만 이 무모한 젊음도 비난만 받는 것은 아니다. 거기에 신중함과 삼가함이 가해지면 사람들로부터 환영을 받는 수도 있다.

그러므로 젊은이에게 흔히 있는 들뜬 마음은 젖혀두고, 젊은이다운 쾌활함과 밝은 마음을 가지고 당당히 사람들 속으로 들어가라. 젊은이의 변덕은 고의적인 것이 아니더라도 상대편을 화나게 하는 수가 있지만, 발랄하고 기운찬 모습은 사람의 마음을 사로잡는다.

될 수만 있으면 만나야 할 사람들의 성격이나 그가 처해 있는 상황을 미리 조사해 두는 것이 좋다. 그렇게 해 두면, 무계획적으로 이것 저것 지레짐작하면서 말을 하지 않아도 된다.

네가 알게 될 사람들 중에는 마음씨가 좋은 사람뿐만 아니라 마음씨가 나쁜 사람도 그 이상으로 있을 것으로 생각된다. 비판하기 좋아하는 사람도 많으나 그보다도 더 비판을 받아 마땅한 사람도 있다. 그러한 사람들에 대해서는 그 자리에 있는 거의 모든 사람에게 해당되는 장점을 칭찬해 주거나 단점을 옹호해 주면 좋다. 그렇게 하면 그것이 아무리 일반론이라 하더라도 자기 자신을 두고 한 말이라고 생각하여 기뻐할 것임에 틀림없다.

비참한 실패, 좌절감이야말로 최고의 스승이다

사람은 특히 자기보다 뛰어난 사람들 속에 끼어 있으면 언제나 남들이 자기만을 보고 있는 것 같은 느낌이 드는 법이다. 남들이 작은 목소리로 소곤거리면 자기에 관해서 말하고 있는 것이라고 생각하고, 웃고 있으면 자기를 보고 웃고 있는 것이라고 생각하기 쉽다. 또 무엇인가 명백히 뜻을 알 수 없는 말을 들을 경우, 그 말을 억지로 자신에게 적용시키면 그럴 듯한 말같이 들려, 틀림없이 자기를 두고 한 말이라고 생각해 버린다.

스크라브가 〈계략(Stratagem)〉이란 책에서 재미있게 쓰고 있는 바와 같이, "저렇게 큰 목소리로 웃고 있잖아? 나를 보고 웃고 있음에 틀림없어"라고 생각해 버리는 법이다.

아무튼 뛰어난 사람들 속에 섞여서 실패를 거듭하고 좌절감을 실컷 맛보는 동안에 차츰 너도 세련된 태도를 몸에 익히게 될 것이다.

남성이든 여성이든 좋으니 네가 가장 친하게 지내고 있는 사람 5~6명에게, "저는 젊음과 경험이 부족해서 퍽이나 무례한 짓을 저지르고 있다고 생각합니다. 그것을 발견했을 때는 사양 마시고 지적해 주시지 않겠습니까?" 하고 부탁해 보면 좋다. 그 때, 지적을 받으면 우정의 증거라고 생각하고 "감사했습니다"라고 덧붙이는 것도 잊지 말고.

이처럼 마음 속을 숨김없이 이야기하여 상대편의 도움을 청하고, 그러한 도움에 감사의 뜻을 표하면 지적해 준 사람도 기분 좋게 생각하여 다른 사람에게 그 이야기를 해서 너의 힘이 되도록 부탁해 줄 것이다. 그렇게 하면 많은 사람들이 친밀한 마음으로 너의 무례한 행위나 부적절한 언동을 충고하게 된다. 그리고 너는 차츰 마음도 몸도 자유롭게 되고, 이야기하는 상대, 함께 있는 상대 여하에 따라서 카멜레온처럼 변화무쌍하게 행동할 수 있게 될 것이다.

5

'허영심'을 '향상심'으로
승화시킨다

허영심—좀더 부드럽게 말하자면
남으로부터 찬사를 받고 싶어하는 마
음—은, 어느 시대의 어떠한 인간도
가지고 있는 마음이 아닐까? 이 허영
심이 커지면 어리석은 언동이나 범죄
행위를 저지르는 일도 있다. 그렇지만 남으로부터 칭찬을 받고 싶어하는
마음은 대체로 향상심에 연결되는 것이 아닌가 하고 나는 생각하고 있다.

물론 그러하기 위해서는 그에 상응하는 사려 깊음과 향상심이 있어야 하지
만, 결과적으로 본다면 허영심은 소중하게 길러도 좋은 마음이 아니겠는가?

남으로부터 인정을 받고 싶고 칭찬을 받고 싶은 마음이 없으면 우리는 무슨
일에나 무관심하게 되고 아무것도 할 마음이 일어나지 않게 된다. 그리고 실제
로 아무것도 하지 않게 된다. 그렇게 되면 자신이 가지고 있는 힘을 발휘하지

도 못하게 된다. 그리하여 실력 이하로 보이는 것으로 만족할 수밖에 없다. 그런데 허영심이 강한 사람은 다르다. 실력 이상으로 보이려고 힘껏 노력한다.

나는 지금까지 너에게 무엇 하나 숨기지 않고 이야기해 왔고, 앞으로도 나의 결점이라고 해서 숨길 생각은 없으므로 감히 말하겠는데, 사실은 나도 허영심을 많이 가지고 있었다. 그러나 나는 이것을 유감스럽게 생각한 일은 없다. 오히려 허영심이 있어서 좋았다고 생각하고 있다. 만약, 나에게 사람들이 칭찬하는 어떤 장점이 있다면 그것은 허영심이 나를 강력하게 밀어 올려 준 덕택, 즉 허영심의 덕택이라고 생각하고 있다.

항상 '일등이 되고 싶다'는 마음이 능력을 이끌어 낸다

내가 사회에 진출할 때 나의 출세욕은 이만저만한 것이 아니었다. 어떠한 일이 있더라도 사람들로부터 인정을 받고 찬사를 받고 인망을 얻어야 한다는 보통 이상의 뜨거운 욕망을 가슴에 품고 사회에 첫 발을 내디뎠다. 그 때문에 비록 어리석은 행위에 빠지는 일이 있었다 하더라도 그 이상으로 현명한 행동도 했다고 생각한다.

이를테면 남성들만이 모여 있을 때, 나는 누구보다도 훌륭하자, 적어도 거기에서 가장 빛나고 있는 사람과 똑같을 정도로 훌륭하게 되자고 마음먹었던 것이다. 그 생각이 나의 잠재 능력을 끌어내어 으뜸까지는 되지 못한다 할지라도 둘째, 셋째는 될 수 있게 하였다.

얼마 안 가서 나는 모든 사람의 주목의 대상, 즉 중심적 존재가 되었다.

일단 그렇게 되면, 하는 일들이 모두 옳다고 여겨지는 법이다. 나의 경우도 그러했다. 나의 말과 행동이 유행이 되고 모두가 일제히 나의 말과 행동을 따르는 것을 보는 것은 즐거운 일이었다. 나는 남녀를 불문하고 어떠한 모임에도 반드시 초청되었고 그 장소의 분위기를 어느 정도 좌우하게 되었다.

그런 일로 해서, 유서 깊은 가문의 여인들과의 사이에 뜬소문을 일으키기도 했다. 그리고 그 진위조차도 알 수 없는 뜬소문이 사실이 된 적도 몇 번인가 있었다는 것을 고백한다.

남성을 대할 때는, 나는 상대를 만족시키기 위하여 프로테우스(Proteus; 그리스 신화에 나오는 바다의 신. 갖가지 모습으로 둔갑하며 예언력이 있었다)처럼 변신하였다. 밝고 쾌활한 사람들 사이에서는 누구보다도 밝고 쾌활하게 처신하였고, 위엄 있는 사람들 사이에서는 누구보다도 위엄을 가지고 행동하였다. 나는 사람들이 조금이라도 호의를 베풀어 주거나, 친구로서 무엇인가를 도와 주었을 때는 결코 그것을 그냥 지나친 적이 없었다. 하나하나에 마음을 쓰고 감사를 잊지 않았다.

그렇게 함으로써 상대편은 만족해 했고, 또 나로서도 그들과 친하게 되는 계기를 붙잡을 수가 있었다. 이렇게 해서 나는 순식간에 그 고장의 명사를 비롯하여 여러 종류 여러 계층의 사람과 서로 아는 사이가 되었다.

철학자는 허영심을 '인간이 가진 야비한 마음'이라 부른다. 그러나 나는 그렇게 생각하지 않는다. 허영심이 있었기에 현재의 '나'라고 하는 인격이 형성된 것이다. 나는 그렇게 생각하고 있다. 그리고 젊었을 때의 나와 똑같은 정도의 허영심이 너에게도 있으면 좋겠다고 생각하고 있다. 허영심만큼 인간을 출세시키는 것은 없다.

6

솔직하게 '감사할 줄 아는 인간'이 될 수 있는가?

 요전에 로마에서 갓 귀국한 분으로 부터, 너만큼 로마에서 환대를 받은 사 람은 없을 것이라는 말을 듣고 나는 몹 시 기뻐하고 있다. 파리에서도 틀림없 이 마찬가지로 환대를 받을 것으로 믿 고 있다. 파리 사람들은 외지에서 온 사람들, 특히 예의 바르고 마음이 따 뜻한 사람에게는 친절히 대해 준다.

그렇지만 그러한 호의에 응석만 부리고 있으면 안 된다. 그들도 역시, 네 가 자기 나라를 사랑하고 있고, 자기들의 태도나 관습에 호감을 갖고 있다 고 느끼게 된다면 기쁠 것이다.

그러한 마음을 일부러 입 밖으로 내어 말하라는 것은 아니다. 그렇게 하 는 것도 나쁘지는 않지만, 그런 마음은 태도로 충분히 전할 수 있는 것이다. 파리에서 환대를 받으면 그 정도의 답례를 해도 좋다고 생각하는데, 네 생각은 어떨까? 나도 만일 아프리카에 가서 거기서 선의의 환대를 받으면 상대가 누구든 간에 그 정도의 사의는 표할 것이다.

있으나 마나 한 교양보다 '쾌활함, 끈기' 야말로 밑천이다

파리에서의 너의 거처 문제는 이미 모두 마련해 놓았다. 기숙사에도 즉시 입주할 수 있게 되어 있다. 너는 이 일에 감사해야 한다. 최소한 반 년간은 기숙사에 기거할 수 있다는 것이 무엇을 의미하는지 잘 생각해 볼 일이다. 첫째로 호텔에 머물게 되면 날씨가 아무리 나쁘더라도 매일 반드시 학교까지 가야 한다. 물론 그 시간이 낭비가 된다. 그러나 문제는 그런 것이 아니다.

기숙사에 기거하게 되면 파리의 상류 사회 젊은이의 반수 가까이와 서로 사귈 수 있는 기회가 생긴다. 얼마 안 가서 너도 파리 사교계에 그 일원으로 따뜻하게 맞아들여지게 될 것이다. 이런 차려 놓은 밥상을 받은 영국인은 내가 아는 범위 내에서는 네가 처음이다. 게다가 그에 드는 비용도 큰 액수가 아니므로 내 호주머니에 부담이 가지 않는다. 그 점에서는 쓸데없는 걱정은 안 해도 좋다.

그보다도 너의 프랑스어는 완벽에 가깝다고 할 수 있으므로 곧 프랑스 사회에 익숙해져, 지금까지 파리에서 생활한 누구보다도 충실한 나날을 보내게 될 것이다. 이보다 더 무엇을 바라겠느냐?

유감스러운 일이지만, 프랑스로 나간 영국 청년의 태반이 프랑스어를 잘

구사하지 못한다. 그것뿐이라면 또 좋지만 사람과의 교제 방법도 모르기 때문에 그들은 자기 표현을 잘하지 못하고, 당연히 프랑스 사회도 이해하지 못하게 된다.

그 결과 '겁쟁이'가 된다. 겁쟁이는 좋지 않다. 겁이 많고 자신이 없으면 상대가 남성이든 여성이든 자기 수준 이하의 상대와 사귀게 된다. 무엇을 하든지 간에 본인이 '할 수 없다'고 생각하면 할 수 없다. '한 번 해 보자'고 결심하고 노력하며, '할 수 있다'고 자기 자신에게 타이르면 어떻게든지 할 수 있게 되는 법이다.

너도 자주 본 일이 있을 것이다. 인간적으로 유별나게 우수한 것도 아니고 교양도 없는데, 쾌활하고 적극적이고 끈기가 있다는 것만으로 출세한 사람을. 그러한 사람은 남성으로부터나 여성으로부터나 거부당하는 일이 없다. 어떠한 곤란이 닥쳐도 좌절하는 일이 없다. 두 번 세 번 넘어져도 다시 일어나 또 돌진한다. 그리고 최종적으로는 십중팔구 초지를 관철시킨다. 훌륭하다고 말할 수밖에 없다.

너도 이것을 본뜨면 좋다. 너의 인격과 교양을 가지고 하면, 훨씬 빨리, 훨씬 확실히 목표에 도달할 것이다. 너에게는 낙천적이 되어도 좋은 이유 —자질이라는 것이 있다. 다시 일어설 수 있는 힘도 있다.

끝까지 체념하지 않으면 어떻게든 길이 열린다

사회에서는 재능이 있어야 한다는 것이 첫째 조건이지만, 거기에 더하여 자기 생각을 확실하게 갖고, 그것을 남 앞에서 불필요하게 드러내지 않으며, 확고한 의지와 불굴의 끈기가 있으면 무서울 것이 없다. 일부러 불가능에 도전할 필요는 없지만, 가능한 일이라면 갖가지 방법과 수단으로 도전하면 어떻게든 길이 열리는 법이다. 한 가지 방법으로 안 되면 다른 방법으로 시도하여, 상대에 알맞은 방법을 찾아내면 좋다.

역사를 조금 거슬러 올라가 생각해 보면, 강력한 의지와 끈기 때문에 마음먹은 대로 일을 성공시킨 사람이 꽤 많다는 것을 알게 될 것이다. 예를 들어 마자랭(Mazarin; 1602~1661. 프랑스의 정치가, 추기경)과 여러 번 교섭한 끝에 피레네 조약을 체결한 재상 돈 루이 드 알로가 그렇다. 그는 타고난 냉정함과 끈기로 교섭을 유리하게 이끌어, 중요한 몇 가지 점에서는 단 한 발도 양보하지 않고 합의에 도달케 했던 것이었다.

마자랭은 이탈리아 인처럼 쾌활함과 성급함의 덩어리 같은 인물이었다. 한편 돈 루이는 스페인 인 같은 냉정 침착성과 인내력을 겸비한 인물이었다. 교섭의 테이블에 앉은 마자랭의 최대 관심사는 파리에 있는 숙적 콩데 공이 다시 반란을 일으키지 못하도록 저지하는 일이었다. 그래서 조약 체결을 서둘러 매듭짓고 빨리 파리로 돌아가고 싶었다. 파리를 비워 두고 있으면 무슨 일이 일어날지 몰랐기 때문이다.

돈 루이는 이것을 눈치채고 교섭을 할 때마다 콩데 공의 이야기를 꺼내는 것을 잊지 않았다. 그래서 마자랭은 한때 교섭 테이블에 앉는 일조차 거부할 정도였다. 결국, 시종 변함 없는 냉정함으로 끝까지 밀고 나간 돈 루이가 마자랭이나 프랑스 왕조의 의향과 이익에 반하여 조약을 유리하게 체결하는 데 성공한 것이었다.

중요한 것은 불가능과 가능을 분별하는 능력이다. 단순히 어려울 뿐이라면 관철하려는 정신력과 끈기가 있으면 어떻게든 일이 가능해진다. 물론 그에 앞서 깊은 주의력과 집중력이 필요한 것은 말할 것도 없지만.

자식은 자기의 것인 동시에 자기의 것이 아니다.

그러나 이미 서로 독립되어 있으므로 또한 인류 중의 한 인간이기도 하다.

자식은 자기의 것이므로 더 한층 교육의 의무를 다하여

그들에게 자립할 수 있는 능력을 주어야 하며, 또 자기의 것이 아니기 때문에,

동시에 해방시켜 모든 것을 그들 자신의 것이 되게 하고,

하나의 독립된 인간으로 만들지 않으면 안 된다.

루쉰(魯迅: 1881~1936. 중국의 작가)

제 7 장

'인간 관계'의 비결

남을 뒤에서 칭찬하고 있는가? 배려를 자연스럽게 할 수 있는가?

1

상대방으로부터 신뢰받을 수 있는 '인간 교제'의 대원칙

 앞에서 어떠한 사람들과 교제해야 하는가를 이야기했으니, 오늘은 그 사람들과의 교제에 있어서 어떠한 행동을 하면 되는가에 대해서 이야기하고 싶다. 나의 오랜 세월에 걸친 경험을 근거로 한 관찰 결과이다. 조금은 도움이 될 것이다.

우선 맨 처음에 말해 두고 싶은 것은 아무리 훌륭한 사람들과 깊은 우호 관계를 맺는다 해도, 너에게 상대방을 기쁘게 해 주려는 마음이 없으면 아무런 소용이 없다는 것이다.

너는 언젠가 스위스를 여행하고 있을 때 친절한 대접을 받아 무척 기뻤다고 편지를 보내 온 일이 있었지. 그 때 나는 친절하게 해 주신 분들에게 감사의 편지를 썼고, 동시에 너에게도 다음과 같은 편지를 써 보냈는데, 지금도 기억하고 있느냐?

"만일 남이 자기에게 마음을 써 준 것이 그렇게 기쁘다면 너도 남에게 그렇게 마음을 써 주어라. 네가 마음을 써 주고 친절하게 해 주면 줄수록 상대방도 기뻐하는 법이란다."

이것이 사람과 교제하는 대원칙이 아닐까? 사람은 사랑하는 사람이나 존경하는 친구에 대해서는 자발적으로 상대방을 염려하고 기쁘게 해 주고자 하는 마음이 솟아나는 법이다. 이 마음이 없으면 실제로 남을 기쁘게 해 줄 수가 없다. 교제의 원점은 상대방을 생각하는 이 마음이다. 그 마음 위에 서면, 어떠한 언동을 취해야 좋은가를 자연히 알게 된다.

사람을 기쁘게 해 주고자 하는 마음은 누구나가 가지고 있다. 그렇지만 사람과 교제하는 가운데, 실제로 사람을 기쁘게 해 주는 방법을 알고 있는 사람은 적다. 너는 꼭 이것을 알아 주기를 바란다. 그렇다고 해서 무슨 특별한 규정이 있는 것은 아니다. 한 가지 내가 말할 수 있는 것은, 즉 남이 자기에게 해 주어서 기쁜 것을 너도 남에게 해 주라고 하는 것이다. 잘 생각해 보면 알 수 있다. 남이 너에게 무슨 일을 해 주었을 때 네가 기뻤는가를. 알았으면 너도 똑같은 일을 하면 좋다. 상대방도 틀림없이 기뻐해 줄 것이다.

그럼 실제로 사람을 기쁘게 해 주는 좋은 교제를 하기 위해서는 어떠한 일에 주의하면 좋을 것인가?

대화를 독점하지 않는다

우선, 말을 잘하는 것은 좋지만 혼자서만 계속 이야기하는 것은 좋지 않다. 만일 오랜 시간 말하지 않으면 안 될 때가 있으면, 적어도 듣고 있는 사람을 지루하게 만들지 않도록, 또 될 수 있으면 그가 즐겁게 들을 수 있도록 유의해야 한다.

그렇지만 그것도 최소 한도로 해 두는 것이 좋다. 본래 대화라고 하는 것은 혼자 독점하는 것이 아니다. 너 혼자서, 모든 사람의 몫까지 차지해서는 안 된다. 특히 제각기 자기의 몫을 차지할 능력이 있을 경우 너는 네 몫만 차지하면 된다.

혼자서만 계속 이야기하는 사람이 있는데, 그런 사람은 대개는 딱하게도 그 장소에 있는 누군가 딴 사람, 그것도 대개는 가장 말수가 적은 사람이나 우연히 옆자리에 앉아 있는 사람을 붙잡고서 약간 작은 목소리로 소곤거리면서 다음에서 다음으로 끝없이 말을 이어 간다. 이것은 아주 예절에 어긋나는 일이라고 생각하지 않느냐? 그것은 공명 정대한 태도라고는 말할 수 없다. 대화라는 것은 공동으로 만들어 내는 공공의 것이다.

그렇지만 만일 반대로 네가 그러한 몰지각한 사람에게 붙잡혔을 때, 그것을 참을 수밖에 없는 상대라면 하는 수 없다. 적어도 겉으로는 그 사람에게 주의를 기울이고 있는 척하고 가만히 참아야 한다. 딱 거절해서는 안 된다. 그 사람에게 있어서는 네가 가만히 귀를 기울여 주는 것보다 기쁜 일은 없다. 이야기 도중에 등을 돌리거나, 아주 참기 어려운 표정을 짓고 듣는 것만큼 모욕적인 것은 없다.

상대에 따라서 화제를 고른다

이야기 내용은 될 수 있으면 거기에 모인 사람들이 좋아할 듯하고, 또 유익할 듯한 것을 고르는 게 좋다. 역사 이야기, 문학 이야기, 다른 나라 이야기 등은 날씨 이야기나 옷 이야기, 세간의 소문보다는 훨씬 유익하고 즐거울 것이다.

가볍고 좀 익살스러운 이야기가 필요할 경우도 있다. 내용적으로는 아무 쓸모없는 이야기지만 여러 종류의 사람들이 모였을 때는 공통의 화제로서 가장 적절하다.

게다가 무엇인가를 협상하는 중에 이 이상 이야기를 계속하면 험악한 분위기가 될 듯할 때, 가벼운 이야기를 하면 무거운 분위기를 단번에 씻어 준다. 그럴 때 잠깐 익살스런 화제를 꺼낸다는 것은 조금도 부끄러운 일이 아니다. 슬쩍, 먹는 것에 관한 이야기를 하거나 술의 향기나 제조법으로 이야기를 돌린다. 아주 세련된 화술이라고 생각하지 않느냐?

상대에 따라서 화제를 바꾸라는 말은 새삼스럽게 또 다시 너에게 말할 필요조차도 없을 것이다. 가르쳐 주지 않았다고 해서 언제나 똑같은 화제를 똑같은 태도로 꺼낼 정도의 바보는 아닐 것이다. 정치가에게는 정치가에게 적합한, 철학자에게는 철학자에게 적합한 화제가 있다. 물론 여성에게는 여성에게 적합한 화제가 있다.

인생 경험이 풍부한 사람이라면 충분히 알고 있다. 상대방에 따라서 빛깔을 달리하는 카멜레온처럼 자유자재로 빛깔을 바꾸고 화제를 택하라. 이것은 교활한 태도도 아니고 야비한 태도도 아니다. 말하자면 인간 교제에 빼놓을 수 없는 윤활유와 같은 것으로 생각해 주기 바란다.

자신이 그 장소의 분위기 조성자가 될 필요는 없다. 주위 분위기에 자기를 맞추는 편이 좋다. 그 장소의 분위기를 잘 보아서 진지하게 되기도 하고 쾌활하게 되기도 해라. 필요하면 농담을 하는 것이 바람직하다. 이것은 많은 사람들 속에 끼어 있을 때의 에티켓과 같은 것이다.

자기 자신이 일부러 말하지 않아도 그 사람에게 장점이 있으면 그 장점은 자연히 대화 속에서 스며나오게 되는 법이다. 만일 자기에게 자신 있는 화제가 없으면 자기가 화제를 택하기보다는 남의 바보 같은 이야기에 아무 말 하지 않고 맞장구를 치는 편이 훨씬 좋을 것이다.

될 수 있는 대로 의견이 대립되는 화제는 피하는 편이 좋다. 그렇지 않으면 의견을 달리하는 편에서 잠시 험악한 분위기가 될지도 모른다. 의견이 대립되어 토론이 뜨거워지게 될 듯하면 얼버무리든가 기지를 살려서 그 화제에 종지부를 찍는 편이 좋다.

'자기 이야기' 만을 하지 말라

어떠한 일이 있어도 절대로 해서는 안 되는 것은, 자기 자신의 이야기를 하는 것이다. 이런 일은 가능한 한 피하도록 해라. 아무리 훌륭한 사람이라도 자기 이야기를 할라치면 갖가지 가면을 쓴 허영심이나 자존심이 자연히 머리를 들고 나와서 다른 사람들에게 불쾌감을 주는 법이다.

자기 자신의 이야기에도 여러 가지가 있다. 화제의 흐름과는 무관한 자기 이야기를 갑자기 아무런 거리낌없이 꺼내어, 결국에는 자기 자랑으로 끝나는 사람이 있는데, 이것은 예의에 어긋나기 그지없는 일이다. 보다 교묘하게 자기 이야기를 끌어내는 사람도 있다. 예컨대 마치 자기가 이유 없는 비난을 받고 있는 것처럼 행동하며, 그런 비난은 부당하다(본인이 그렇게 생각하고 있을 뿐이지만)고 말하듯, 자기의 장점을 죽 열거하면서 자기를 정당화하고 결국은 자기 자랑을 하는 것이다.

그들은 말한다.

"이런 말을 하는 것은 정말 우습죠. 나도 말하고 싶지 않아요. 사실 말하지 않았을 것입니다. 그렇지만 너무해요. 나도 내가 하지도 않은 일로 이렇게 심한 비난을 받지만 않았다면 입이 터진들 이런 말은 하지 않을 거예요."

확실히 정의라는 것은 누구에게나 있다. 그러므로 비난을 받으면 혐의를 벗기 위하여, 보통 같으면 입에 잘 담지 않는 말을 해도 좋다고 말한다면 그것도 일리는 있다. 그러나 그렇다면 그 얼마나 얄팍한 생각인가! 자기의 허영심을 위해서라면 염치없이 그 옷을 벗어 던져도 좋다니! 그러한 조심성 없는 행위가 또 있겠는가. 속셈이 뻔히 보이지 않는가.

똑같은 자기 이야기를 하더라도 좀더 유치하게 자기를 비하시키는 방법을 쓰는 사람도 있다. 이것은 더 어리석은 수작이다. 그런 사람은 먼저 자기는 약한 인간이라고 고백한다. 그리고 나서 자기의 불행을 한탄하고 그리스도 교의 칠덕(七德)에 맹세를 하는 것이다(물론, 그렇게 하면서도 다소는 부끄러움이나 망설임은 느끼고 있는 듯하지만……).

이런 사람들은 알지 못하고 있다. 그런 식으로 불행을 한탄하여도 주위 사람들은 동정하지도 않고, 힘이 되어 주지도 않으며, 다만 난처해하고 당황할 뿐이라는 것을. 본인들이 매우 적절히 말하는 것처럼 그들에게는 힘이 부족한 것이다. 그러므로 어떻게 해 줄 수도 없다. 주위 사람들은 당연히 당혹해질 수밖에 없는 것이다.

그런데 거기까지 머리가 돌아가지 않는 그들은 스스로도 바보 같은 짓임을 알면서도 푸념을 할 수밖에 없는 것이다. 그들도 분명히 알고 있다. 자기처럼 결점 투성이의 인간은 성공은커녕 사회에서 순탄하게 살아가는 것조차 어렵다는 것을.

하지만, 그렇다고 해서 그 버릇을 고치지도 못한다. 그래서 최후의 발버둥, 최후의 저항을 힘껏 하고 있는 것이다. 그런 일이 있을 수 있는가? 하고 생각할지 모르지만 이것은 참말이다. 너도 곳곳에서 이런 사람을 만나는 일이 있을 것으로 생각되므로 잘 주의해서 살펴보는 것이 좋다.

'자기 자랑' 으로 평가받는 사람은 없다

그러나 이처럼 허영심이나 자존심이 겉으로 나타나지 않는 것은 아직도 나은 편이고, 심한 경우가 되면 정말로 시시한 것까지 증거로 내세워서 노골적으로 자기 자랑을 시작하는 사람이 있다.

칭찬받고자 하는 욕심으로 자기 자랑을 하는 사람을 너도 본 일이 있을 것이다. 그런데 그들의 이야기가 만일 정말이라 하더라도(그런 일은 좀처럼 없지만), 그것으로 실제로 칭찬받는 일은 없는 것이다.

이를테면 자기와 별로 관계없는 일—즉 자기는 저 유명한 대인물 아무개의 자손이라든가, 친척이라든가, 지인(知人)이라고 하는 것 등—을 자랑스럽게 이야기하는 사람이 있다. 우리 할아버지는 아무개입니다, 백부는 아무개, 친구는 누구누구입니다……라고 그칠 줄 모르고 계속 지껄여댄다. 아마 제대로 한 번 만난 적도 없는 사람들일 것이다. 그렇지만, 글쎄…… 그래도 좋다고 치자.

그런데 그것이 정말이라고 해도, 그것이 어쨌다는 말인가? 그렇다고 해서 그 사람이 훌륭한가? 그렇지는 않다.

혹은 혼자서 술 대여섯 병을 비웠다고 자랑스러운 듯이 말하는 사람이 있다. 그 사람을 위해서 감히 말하건대 그것은 거짓말이다. 그렇지 않다면 그 사람은 괴물이다.

이처럼 예를 들자면 끝이 없을 만큼 우리들 인간은 허영심 때문에 바보스런 말을 하거나 이야기를 과장하고 있다. 그리고 그 때문에 본래의 목적을 달성하지 못하고 도리어 자기에 대한 평가를 깎아내리고 있다. 본질과 전혀 관계가 없는 말을 꺼내어 자기 자랑을 한다는 것은 내용이 없다는 것을 스스로 폭로하는 것과 다름없는 것이다.

침묵하고 있어도 장점은 빛난다

이러한 어리석은 행위를 하지 않는 유일한 방법은 자기 이야기를 하지 않는 일이다. 자기의 경력 등 자기 자신의 이야기를 하지 않으면 안 될 때도, 자기 자랑을 하고 싶어서 말하고 있다고 오해받을 말은, 직접적인 것이든 간접적인 것이든 일체 삼가도록 항상 유의하는 게 좋다.

인격이라는 것은 선악에 관계없이 언젠가는 알려지는 법이다. 일부러 스스로 말할 것까지는 없다. 더구나 본인이 자기 입으로 말하면 아무도 그것을 믿지 않을 것이다.

잘못이라도 그것을 자기의 입으로 말하면 그 결점을 감출 수 있다든가, 장점이 더 빛날 것이라는 생각은 하지 마라. 그런 짓을 하면 결점은 더 한층 두드러지게 나타날 것이고 장점은 희미해져 버린다.

스스로 아무 말도 하지 않고 침묵하고 있으면 도리어 장점이 있다고 상대는 생각하는 법이다. 적어도 점잖다는 인정을 할 것은 확실하다. 더구나 불필요한 질투나 비방 또는 비웃음을 받아, 정당한 평가가 방해받는 일은 없다. 그러나 아무리 교묘하게 변장하고 있다고 생각하더라도, 자기 스스로 그것을 말해 버리면 주위 사람의 반감을 사고 생각지도 않은 결과에 실망하게 될 것이다. 그런 일을 방지하기 위해서는 되도록 자기 이야기를 하지 않는 것이 좋다.

2

자기에게 '무게' 를 두는 것도 중요하다

무엇을 생각하고 있는지 알 수 없는 사람이나 성격이 아주 어두워 보이는 사람이 있는데, 그것도 칭찬받을 일은 못 된다. 무엇보다도 인상이 좋지 않아 공연한 오해를 받게 된다. 그리고 무엇을 생각하고 있는지 알 수 없는 사람에게는 아무도 자신의 속마음을 이야기하지 않을 것이다.

능력 있는 사람은 내면은 신중하더라도 그것을 겉으로 나타내지 않아, 외면적으로는 누구와도 손쉽게 융합되어 싹싹하고 영리한 것처럼 행동하는 법이다. 자기 본심은 굳게 지키지만, 언뜻 보기에는 개방적인 것처럼 보이게 함으로써 상대방의 방어를 풀어 버린다.

왜 자신을 굳게 지켜야 할 필요가 있는가 하면, 부주의하게 아무 말이나 지껄여 버리면, 대개는 그 말이 어딘가에 인용되어 자기들 편리한 대로 이용되기 때문이다. 그러므로 싹싹하게 행동하는 것과 마찬가지로 신중함도 중요한 요소이다.

상대방의 말은 '귀'로가 아니라 '눈'으로 듣는다

말을 할 때는 언제나 상대방의 눈을 보아야 한다. 그렇게 하지 않으면 무엇인가 양심의 가책을 받는 일이 있는 것이 아닌가 하고 의심을 받는다. 게다가 말하고 있는 상대방의 눈을 쳐다보지 않는 것만큼 실례이며 용서하기 어려운 일은 없다. 천장을 쳐다보거나 창문 밖을 내다보거나 탁자 위에 놓인 담배통을 만지작거리거나 한다면…… 그것은 그런 것들이, 지금 자기에게 말하고 있는 사람보다 더 중요하다고 공개적으로 말하는 것이나 다름없다.

그런 행동을 하면, 조금이라도 자존심이 있는 사람은 화를 내고 증오심에 얼굴을 찌푸릴 것이 당연할 것이다. 여러 차례 말한 것 같지만, 이러한 취급을 받고 자존심이 상하지 않는 사람은 없단다.

상대방의 눈을 보지 않는다는 것은 이쪽의 인상을 나쁘게 하는 것으로 끝나지 않는다. 그것은 자기의 말이 상대방에게 어떻게 받아들여지고 있는가를 관찰할 기회를 스스로 포기하는 것과 같다. 상대방의 마음 속을 읽으려면 귀보다도 눈에 의지하는 편이 낫다고 나는 생각하고 있다. 생각하고 있지 않은 것을 입으로 말하기는 쉽지만 눈에 나타내기는 극히 어려운 일이라고 생각하기 때문이다.

남을 헐뜯지 않는다

다음에 당부하고 싶은 것은 자진해서 남의 추문에 귀를 기울이거나 그것을 퍼뜨리거나 하지 말라고 하는 것이다. 그 때 당장은 즐거울지도 모른다. 그렇지만 냉정하게 생각해 보면 그런 짓은 아무런 득이 없다는 것을 알게 될 것이다. 남을 헐뜯으면, 헐뜯은 그 사람이 비난을 받을 뿐이다.

'웃음'에도 품위라는 것이 있다

큰 소리로 웃는 것도 좋지 않다. 큰 소리로 웃는 것은 시시한 것에서밖에 기쁨을 발견하지 못하는 어리석은 자가 하는 짓이다. 진짜로 기지가 풍부한 사람, 분별 있는 사람은 결코 남을 바보같이 웃게 하거나, 자기도 바보같이 웃거나 하지 않는다. 웃는다 하더라도 소리를 내지 않고 미소를 지을 뿐이다.

너도 결코 큰 소리로 웃는 따위의 천한 흉내는 내지 마라. 무슨 일이 있을 때마다 껄껄대고 웃는 것은 자신이 바보임을 증명하는 것이다.

이를테면 한 친구가 의자에 걸터앉으려고 한다. 그런데 누군가가 의자를 치워 버리는 바람에 엉덩방아를 찧는다. 그래서 일제히 "와하하" 하고 웃는다—이 얼마나 저속한 웃음인가? 그런데 그들은 그것이 즐겁다고 한다. 이 얼마나 저급하고 소견이 좁은 즐거움이냐? 천하고 못된 장난이나 시시한 우발 사건을 보고 폭소하는 것 말고는, 좀 더 마음이 풍요로워지고 표정이

밝아지는 즐거움을 모르느냐고 묻고 싶다. 게다가 그렇게 큰 소리로 웃는 다면 귀에 거슬리고 보기 흉하다.

바보스러운 웃음은 참으려고만 하면 약간의 노력으로 간단하게 참을 수 있다. 그것을 참지 않는 것은 사람들이 웃음은 쾌활하고 즐겁고 좋은 것이라고 하는 고정 관념에 사로잡혀 있기 때문이다. 그래서 그것이 아주 바보스러운 짓이라는 것을 깨닫지 못하고 있는 것이다.

사소한 '버릇'으로 자기의 평가를 깎아내리지 말라

말을 하면서 무턱대고 웃는 버릇이 있는 사람이 있다. 내가 알고 있는 와라 씨도 그러하다. 그는 인격적으로 아주 훌륭하지만, 곤란하게도 웃지 않으면 이야기를 하지 못한다. 이 사람을 잘 모르는 사람은 이러한 버릇을 보고 처음에는 조금 머리가 이상한 사람이라고 생각하는데, 그러한 평가를 받아도 하는 수 없을 것이다.

이외에도 사람에게는 그다지 인상이 좋다고는 말할 수 없는 버릇이 많이 있다. 처음으로 사회에 진출했을 때, 무료한 김에 묘한 흉내를 내거나 무의식중에 한 번 해 본 동작이 그냥 그대로 몸에 굳어 버린 것이 아닐까?

처음으로 사회에 진출했을 때는 어떻게 처신하면 좋을지 몰라서 갖가지 표정을 지어 보기도 하고 여러 동작을 시도해 보기도 하는 법이다. 그것이 어느 사이엔가 버릇이 되어 버린다. 그래서 지금도 어떤 사람들은 코에 손을 대거나 머리를 긁적거리거나 모자를 만지작거리기나 하는 것이다.

보고 있으면 어딘지 모르게 어색하고 침착성이 없는 사람은 어딘가에 그런 버릇이 남아 있는 법이다. 그런 사람은 많다. 그렇지만 그렇다고 해서 그래도 좋다는 것은 아니다. 나쁜 짓을 하고 있는 것은 아니지만, 역시 보기에 느낌이 좋지 않은 행동은 될 수 있는 대로 하지 않는 편이 좋다.

3

그룹 교제에서 성공하는
비결

기지나 유머, 농담은 어떠한 집단 안
에서밖에 통용되지 않는 경우가 많다.
그런 것은 특수한 토양에서 생겨나는
것인지 모른다. 다른 땅에 옮겨 심으려
고 해도 무리일 때가 많다.

어떠한 그룹에도 그 그룹에 특유한 배경이라는 것이 있을 것이다. 거기
에서 독특한 표현법이나 말씨가 생겨나고, 나아가서는 독특한 유머나 농담
이 생겨나는 것이다. 그것을 토양이 다른 그룹으로 가져가 보면, 무미건조
하고 아무런 재미도 없는 것이 당연할 것이다.

'재미없는' 농담만큼 비참한 것은 없다. 좌석은 흥이 깨지고 심한 경우에
는 무엇이 재미있는지 설명해 달라는 등의 말을 듣게 된다. 그럴 때의 비참
한 기분은 일부러 여기에 기록할 필요조차 없다.

농담뿐만 아니다. 어떤 모임에서 들은 것을 다른 모임에 가서 함부로 입 밖에 내서는 안 된다. 대단치 않은 일이라고 생각할지 모르지만 그 말이 돌고 돌아서 상상 이상으로 중대한 사태를 초래할지도 모른다.

게다가, 그런 짓을 하는 것은 예의에 어긋난다. 규약은 없지만, 어디에서인가 들은 대화의 내용을 함부로 입 밖에 내지 않는다는 것은 무언의 약속과 같은 것이다. 그것을 어기면 여기저기서 비난을 받아 어디를 가나 좋게 받아들여지지 않게 된다.

자기의 의견을 갖지 않은 '호인'은 큰 인물이 될 수 없다

어떤 그룹에나 이른바 '호인'이 있다. '호인'이라는 이유 하나만으로 그 집단에 들게 된 사람이다. 그들은 잘 관찰해 보면 아무 쓸모도 없고 매력도 없으며, 자신의 의견도 의지도 없는 경우가 적지 않다.

그들은 동료들이 한 일, 말한 것이라면 무엇이든 쉽게 동의하고 양보하고 칭찬을 한다. 동료들의 태반이 때마침 동의했다는 것만으로, 아무리 잘못된 일이라도 아주 간단히 영합해 버린다. 왜 그런 바보 같은 짓을 하는가? 그것은 그가 자기 의견을 가지고 있지 않았기 때문이다.

너는 보다 더 정당한 이유로 그룹의 일원으로 받아들여지도록 노력해 주었으면 한다. 그러기 위해서는 자신의 의지와 생각을 가지고 있어야 하며, 그것을 쉽게 바꾸지 않는 것이 중요하다. 그러나 그것을 표현할 때는 예의 바르게 유머를 가지고, 그리고 될 수만 있다면 품위를 갖추고 임하기 바란다. 너의 지금 나이로는 높은 위치에서 말을 하거나, 마치 비난하듯 말을 하는 것은 아직 이르다.

이른바 '호인'의 아첨이 아니라면, 남에게 붙임성 있게 하는 것은 비난받을 성질의 것은 아니다. 오히려, 남과 교제하기 위해서는 꼭 필요한 것이 아니겠느냐?

이를테면 대수롭지 않은 결점은 모르는 체하고, 눈에 거슬리는 말이나 행동도 너그러이 봐 준다. 뿐만 아니라, 일정한 범위 안에서 적극적으로 공치사를 하는 것도 필요하다. 또 그렇게 하는 편이 친절이 되는 경우도 있을 것이다. 공치사를 듣는 편도 치켜세워 주면 기뻐하고, 치켜세워 주지 않으면 그 이상 자기를 향상시키지 못하는 경우가 많다.

공치사를 할 수 있는 것도 훌륭한 능력이다

어떠한 그룹에도 그 그룹의 말씨나 복장, 취미나 교양을 좌우하는 인물이 있다. 여성이라면 우선 미모, 기지, 복장, 그 밖의 모든 면에 뛰어난 인물일 것이다. 그 날의 좌석을 열광시켰는가 하는 것보다도, 좀 더 근본적인 차원에서 그룹 전체를 이끌고 나갈 수 있는 인물인가 어떤가가 결정적 요소가 된다. 모든 사람의 눈이 이런 사람에게 집중되는 것은 자연적인 추세이다. 일종의 위압감이 있는지도 모른다.

이것을 거역하면 어떻게 되는가? 그룹으로부터의 즉각 추방이다. 어떠한 기지도, 예절도, 취미도, 복장도 당장에 거절당한다. 그러므로 그런 사람에 대해서는 아무 생각할 것 없이 그저 따르는 게 좋다. 약간의 아부도 좋다. 그렇게 하면 강력한 추천장을 받은 것이나 다름없이 그 그룹 내뿐만 아니라 가까운 이웃 영토에까지 자유로이 출입할 수 있는 통행증을 손에 넣을 수 있다.

4

자연스럽게 '배려'할 수 있는 사람이 돼라

남을 화나게 하기보다 기쁘게 하고 싶고, 욕을 얻어먹기보다 칭찬을 받고 싶고, 미움을 받기보다 사랑을 받고 싶으면, 항상 상대방에 대한 배려를 잊어서는 안 된다. 그것도 아주 조금이면 된다.

예를 들면 사람에게는 제각기 약간의 버릇이라든가, 취미, 좋고 싫음과 같은 것이 있을 것이다. 그것을 유심히 관찰하는 것이다. 그리하여 좋아하는 것을 그의 눈앞에 내놓고, 싫어하는 것을 감춘다. 한 예로 "당신이 좋아하는 술을 준비해 놓았습니다"라고 말하는 것으로 족하다. 혹은 "그 분을 별로 좋아하시는 것 같지 않아서 오늘은 같이 초대하지 않았습니다"라고 말하는 것도 좋다. 그러한 자연스러운 배려가 상대방의 마음을 열게 하고, 자기를 이렇게 염려해 주고 있는가 하고 감격시킨다.

이와는 반대로, 싫어하는 것을 알고 있으면서도 부주의로 그것을 내놓는 일 따위를 한다면 결과는 명백하다. 상대방은 무시당했다고 오해하거나 푸대접받았다고 생각하여, 언제까지나 언짢은 생각을 가질 것이다.

아주 사소한 것이라도 좋다. 사소한 것이면 사소한 것일수록, 상대방은 특별한 배려를 느끼며, 그보다 더 훌륭한 배려를 해 준 것보다 감격하는 법이다.

너도 아주 사소한 배려가 얼마나 기뻤던가를 기억할 것이다. 인간이라면 누구나가 가지고 있는 허영심이 그 일로 인해 얼마나 만족하게 되었는가를. 그것뿐이 아니다. 오직 그 사소한 배려로 그 이후 그 사람에게 호의를 갖게 되고, 그 사람이 하는 행위 모두를 호의로 받아들이게 되지 않았던가? 인간이란 그런 것이다.

상대방이 칭찬받고 싶어하는 것을 칭찬한다

특정한 사람의 마음에 들고 특정한 사람과 친구가 되려고 생각한다면 그 사람의 장점과 단점을 찾아내서, 그 사람이 칭찬받고자 하는 것을 칭찬하는 방법도 있다.

사람에게는 실제로 우수한 부분과 우수하다고 인정을 받고 싶은 부분이 있는 법이다. 우수한 부분을 칭찬받는 것은 기쁘지만, 그 이상으로 기쁜 것은 우수하다고 인정받고 싶은 곳을 칭찬받는 일이다. 이보다 더 자존심을 만족시켜 주는 것은 없다고 해도 좋다.

예를 들어, 당시의 정치가로서는(아니, 아마 지금까지의 정치가들 중에서라고 말해도 좋을 것이다) 뛰어난 재능을 가지고 있었던 추기경 리슐리외의 경우를 상기하기 바란다.

그는 정치가로서의 명성에 만족하지 못하고 시인으로서도 누구보다도 우수하다고 인정받고 싶다는 부질없는 허영심을 가지고 있었기 때문에, 위대한 극작가 코르네유(Corneille; 1606~1684. 프랑스의 극작가, 시인)의 명성을 질투하여 다른 사람에게 명하여 일부러 '르 시드(Le cid)'의 비평을 쓰게 했다. 이것을 본 아부 잘하는 자들은 리슐리외의 정치 수단에 관해서는 거의 언급하지 않거나 언급을 하더라도 극히 형식적인 범위에 그쳐 두고, 다른 한편으로는 시인으로서의 재능을 몹시 칭찬했던 것이다.

그들은 그렇게 하는 것이 그로 하여금 자신들에게 호의를 갖게 하는 최고의 약이라는 것을 알고 있었던 것이다. 리슐리외는 정치 수단에는 자신이 있었지만 시인으로서의 재능에는 자신이 없었기 때문이다.

어떠한 사람도 남으로부터 칭찬을 받고 싶어하는 측면이 있다. 그것을 발견하기 위해서는 유심히 관찰하는 것이 제일이다. 그 사람이 즐겨 화제로 삼는 것을 잘 주의해서 관찰하면 된다. 대개는 자기가 칭찬받고 싶은 것, 우수하다고 인정받고 싶은 것을 가장 많이 화제에 올리는 법이다. 그곳이 급소다. 그 곳을 찌르면 상대방을 공략할 수 있다.

때로는 '눈감아 주는 것'도 중요하다

오해하지 말기를 바라는데, 나는 야비한 아첨으로 사람을 조종하라고 말하는 것은 아니다. 남의 결점이나 나쁜 행동까지 칭찬할 필요는 없고, 또 칭찬해서도 안 된다. 그러기는커녕, 그런 것은 미워해야 하고, 좋지 않다고 당당히 말해야 한다고 생각한다.

그렇지만 생각해 주기 바란다. 인간의 결점이나 천박하고 소갈머리 없는 허영심에 대해서 눈을 감아 주지 않으면 이 세상을 살아갈 수 없단다.

누군가가 실제보다 현명하다고 인정받고 싶다, 또 아름답다고 인정받고 싶다고 생각했다 해서 다른 사람에게 해를 입히지는 않는다. 천진난만하지 않은가? 그런 사람들에게 그런 생각을 하는 것은 잘못이라고 말해 보았자 부질없는 일이다. 그런 말을 해서 불쾌하게 만드는 것보다는, 차라리 다소의 공치사로 그들의 마음을 기분 좋게 해 주어 친구가 되는 편이 낫다.

상대에게 장점이 있으면 너라도 기분 좋게 찬사를 보낼 수 있을 것이다. 그렇지만 자기로서는 그다지 찬성할 수 없는 일이라도 사회에서 인정받고 있는 것이라면, 눈을 감고 찬성하는 편이 나은 때도 있는 것이란다.

너는 남을 칭찬하는 재주가 별로 없는 모양인데, 그것은 인간이 얼마나 자기의 생각이나 취미를 지지받고 싶어하는지, 더 나아가서는 분명히 잘못된 생각이나 자신의 조그마한 결점까지도 너그러이 보아 주기 바라고 있는지, 아직 잘 모르고 있기 때문이다.

우리들은 자기의 생각뿐만 아니라 버릇이나 복장과 같은 시시한 것까지도 흠을 잡히면 불쾌하게 생각하고, 인정을 받으면 크게 기뻐하는 법이다. 재미있는 이야기를 소개하자.

악명 높은 찰스 2세의 통치 시대 이야기다. 당시에 대법관을 맡아 보고 있던 저 섀프츠베리(Shaftesbury: 1621~1683) 백작은 대신으로서뿐만 아니라, 개인적으로도 왕의 마음에 들고 싶어하였다.

왕이 여자를 좋아한다는 것을 알고 있었던 섀프츠베리는 거기에서 한 가지 계략을 생각해 내어 자기도 첩을 두었다(그러나 실제로 그 여자를 가까이 한 일은 없었다). 그 소문을 듣게 된 왕은 그것이 사실이냐고 물었다. 섀프츠베리는, "정말입니다. 아내 말고도 여러 명 첩을 두고 있습니다. 변화가 있는 편이 즐거우니까요"라고 대답하였다.

며칠인가 지나서 일반의 알현식 때, 왕은 멀리서 섀프츠베리를 보자 주위 사람들에게 이렇게 말했다.

"모두들 믿을 수 없다고 생각하겠지만 저기에 있는 마음 약한 작은 사나이가 이 나라에서 제일가는 난봉꾼이다."

섀프츠베리가 가까이 다가가자 웃음이 터졌다.

"지금 그대 이야기를 하고 있었다네"라고 왕은 말했다.

"예, 제 이야기를 말입니까?"

"그렇다. 그대가 이 나라에서 제일가는 난봉꾼이라고 이야기하고 있던 중이다. 어떠냐? 틀리느냐?"

섀프츠베리는 말하였다.

"아, 그 이야기 말입니까? 그것이라면 아마 제가 제일간다고 할 수 있을 것으로 사료됩니다."

왕이 얼마나 기뻐했는지는 쉽게 상상할 수 있을 것이다.

사람에게는 제각기 특유한 사고 방식, 행동 양식, 성격과 외관이 있다. 그것들에 관해서는 적어도 입 밖에 내어 이러쿵저러쿵 말하지 않는 것이 일종의 약속처럼 되어 있다. 그러므로 조금쯤 사실과 다르더라도, 그것이

각별히 나쁜 일이나 자기의 위신에 상처를 주는 일이 아닌 한, 자진해서 순응하는 것이 중요하지 않을까?

뒤에서 칭찬받는 것보다 기쁜 것은 없다

상대방을 가장 기쁘게 하는 칭찬 방법은 조금 전략적이기는 하지만 뒤에서 칭찬하는 일이다. 그렇다고 해서 다만 뒤에서 칭찬만 하는 것으로는 의미가 없다. 그것이 칭찬한 상대방에게 확실히 전해져야 한다.

그래서 중요한 것은 칭찬한 것을 전해 줄 사람을 선정하는 일이다. 그 말을 전달함으로써 덕을 볼 사람을 찾으면 된다. 그렇게 하면 확실히 전해 줄 뿐만 아니라, 어쩌면 과장해서 칭찬해 줄지도 모른다. 남에 대한 찬사 중에서 이보다 더 기쁜 것, 효과적인 것은 없다고 해도 지나친 말이 아니다.

이상, 이제까지 말해 온 것들은 앞으로 사회 생활의 첫발을 내딛게 되는 네가 기분 좋은 교제를 하는 데 필요한 것들이라고 생각하여도 좋다.

나도 네 나이 때 이런 것들을 알고 있었더라면 얼마나 좋았을까? 나의 경우 이 정도의 것을 아는 데 35년의 세월이 걸렸다. 그렇지만 지금 네가 그 열매를 거두어 준다면 후회는 없다.

5

친구가 많고 적이 적은
사람이야말로 '강자' 다

이 세상에 적이 없는 인간은 없고, 모든 사람에게 사랑받는 사람도 없다. 그러나 그렇다고 해서 사랑받는 노력을 하지 않아도 좋다는 것은 아니다.

나의 오랜 경험으로 말하자면, 친구가 많고 적이 적은 사람이 이 세상에서 가장 강한 사람이다. 그런 사람은 원한을 사거나 질투를 받거나 하는 일이 좀처럼 없으므로 누구보다도 빨리 출세하고, 만일 몰락하더라도 사람들의 동정을 받아 우아하게 몰락한다.

이렇게 생각해 보면, 친구가 많고 적이 적다는 것은 항상 마음에 새겨 두고 노력해 볼 가치가 있는 하나의 목표가 아니겠는가?

사람은 '머리'가 아니라 '배려'로 자신을 지킨다

너는 고 오몬드(Ormonde; 1610~1688. 아일랜드의 정치가) 공작의 이야기를 들은 일이 있느냐? 머리는 나빴지만 예의 범절에 관해서는 그보다 앞선 사람이 없어, 이 나라에서 제일가는 인품을 자랑했던 분이다. 본래 싹싹하고 상냥한 성격인 데다가 궁정 생활과 군대 생활에서 몸에 익힌 사근사근한 말과 행동이라든가 자상한 배려심이 있어, 그 매력은 이 사람의 무능력(거의 모든 분야에 걸쳐서 무능력에 가까웠다)을 보충하고도 남음이 있을 정도였다. 누구에게서도 평가는 받지 못했으나 누구에게서나 사랑을 받았다.

그 인품이 어느 정도였는지 뚜렷이 나타난 것은, 앤 여왕이 죽은 후, 불온한 움직임을 일으킨 사람들이 탄핵 재판을 받게 되었을 때, 그들의 행위에 동조했다는 혐의로 오몬드 공작에게 대해서도 형식상 동일한 처벌을 할 필요가 생겼을 때였다. 그는 탄핵은 받았지만, 당시 정당간의 치열한 다툼에도 불구하고, 그 탄핵은 공작을 철저하게 몰락시키는 신랄한 태도와는 아주 거리가 먼 것이었다.

오몬드 공작 탄핵 결의안은 다른 사람에 대한 탄핵안보다도 훨씬 적은 찬성표로 상원을 통과했다. 그리고 탄핵의 주동자이기도 했던 당시의 국무대신 스탠호프(Stanhope; 1673~1721. 영국의 군인. 정치가, 후에 백작이 됨)가, 앤 여왕의 뒤를 이은 조지 1세와 재빨리 교섭하는 등 조정에 나서, 다음 날은 공작을 왕에게 접견시킨다는 준비까지 되어 있었던 때였다.

오몬드 공작을 빼앗겨서는 이 소송에 이길 수 없다고 판단한 스튜워트 왕조 부활파의 로체스터 주교가, 급히 이 머리가 모자라는 가엾은 공작에게로 달려가서 "조지 1세와 접견해 봤자 불명예스러운 복종을 강요당할 뿐 용서받을 수 없다"고 장담하고 오몬드 공작을 도망치게 했던 것이다.

그 후 오몬드 공작의 사권(私權) 박탈이 가결되었을 때도 그에 항의하는 대중이 치안을 문란케 하는 등 대소동이 있었다. 공작에게는 적은 없었지만 호감을 가지고 있는 사람이 몇천 명이나 있었기 때문이다.

이런 일도 모두 그 근본 원인은 공작이 남을 기쁘게 해 주고자 하는 자연스런 마음씨를 가지고 있었고, 그것을 경험으로 실천했기 때문이었다.

'사랑받고자 하는 노력'을 게을리하고 있지는 않은가?

인덕(人德)만큼 합리적이고 착실한 의지는 없다. 사람을 끌어올리는 것은 다른 사람들의 호의이며, 애정이고, 선의이다.

그런 것들을 손에 넣기 위해서는 어떻게 하면 좋은가? 우선, 그것들을 손에 넣으려는 노력이 중요하다. 지금까지 노력하지 않고 얻은 사람은 없다.

사람들의 호의나 애정이라고 내가 말하는 것은, 연인들 사이의 감상적인 감정이나 친구 사이의 우애처럼, 가까운 사이에만 한정되어 있는 감정과는 다른 것이다. 우리들이 갖가지 인간들과 관계를 가질 때 그 사람에게 알맞은 방법으로 그 사람을 기쁘게 함으로써 손에 넣을 수 있는, 보다 광범위한 호의, 애정, 선의를 말하는 것이다.

이러한 좋은 감정은 그 사람의 이해와 대립되지 않는 한, 언제까지나 계속되는 법이다(그 이상의 호의를 받을 수 있는 대상은 가족을 포함하여 기껏해야 세 사람쯤 있을까 말까 할 정도가 아닐까).

내가 지금까지 살아온 40년 이상의 경험을 가지고, 20세부터 인생을 다시 산다면 나는 인생의 대부분을 될 수 있는 대로 많은 사람으로부터 사랑받도록 노력을 하는 데 쓸 것이다.

옛날처럼 자기에게 얼굴을 돌려 주기를 바라는 남성이나 여성의 마음을 붙잡는 데만 골몰하여, 다른 사람은 어떻게 해도 좋다는 행동은 하지 않겠다. 만일 자기가 겨냥했던 사람의 평가가 잘못되어 있으면(이런 일은 능력 있는 사람에게는 정말로 곧잘 있는 일이다), 그 밖의 사람들을 화나게 하고 있을 것이고, 어느 쪽을 향하면 좋을지 몰라 거리를 헤매게 된다.

그보다는 많은 사람들의 호감을 받고 그 속에서 느긋하게 있는 편이 좋다. 그것은 가장 큰 방패이다. 남성이든 여성이든 인간이라는 것은 인덕에 약한 법이다. 인덕을 방패로 삼고 있는 사람은 성공의 가능성도 높고, 그 정도도 크다. 여성도 인덕이 있는 남성에게는 이상하게 마음이 끌리는 법이다.

인덕을 얻는 것은 그다지 어려운 일은 아니다. 우아한 몸가짐, 진지한 눈초리, 사소한 배려, 상대가 기뻐하는 말, 분위기, 복장 등 아주 조그마한 행위가 모이고 모이면 상대의 마음을 붙잡을 수 있다.

내가 지금까지 만난 사람들 중에는 겉으로 보기에는 아름답지만 조금도 내 마음을 붙잡지 못하는 여성, 사려 분별은 있는데 아무리 해도 좋아지지 않는 인물이 많이 있었다. 왜 그런지 이미 너는 알 것이다. 그렇다. 그 사람들은 자기의 아름다움과 능력에 자신이 있었기 때문에 사람의 마음을 붙잡는 기술을 몸에 익히는 것을 게을리했던 것이다. 정말로 얼마나 큰 잘못이냐?

나는 별로 아름답다고는 말할 수 없는 여성과 사랑을 한 일이 있다. 그러

나 그 여성은 기품이 넘치고 남을 기쁘게 하는 기술, 마음을 붙잡는 기술을
잘 알고 있었다. 나는 내 생애에서 그녀와 사랑했을 때만큼 열중했던 일은
없었던 것 같다.

자식을 아는 사람은 현명한 아버지이다.

셰익스피어(1564~1616. 영국의 극작가, 시인)

제 **8** 장

자기의 '품격'을 기른다

학문만이 공부가 아니다.

1

장식이 없는 '골조만의 건물'이 되지 말라

너라고 하는 작은 건조물도 이제 그 골조가 거의 완성되어 가고 있다. 남은 일은 아름답게 마무리하는 것이다. 그 것이 너의 임무이며, 또 나의 관심사이 다. 너는 온갖 우아함과 소양을 몸에 지녀야 한다. 그것들은 골조가 확고하게 되어 있지 않으면 값싼 장식에 불과하지만, 골조가 단단하게 되어 있으면 건조물을 돋보이게 한다. 그뿐인가, 아무리 단단한 골조라도 장식이 없으면 매력이 반감되는 일조차 있다.

너는 토스카나식 건축이라는 것을 알고 있겠지. 모든 건축 형식 중에서 가장 튼튼한 양식이다. 그런데 동시에 가장 세련되어 있지 않고 멋이 없는 양식이기도 하다.

튼튼하다는 점에서 말하자면 대건조물의 기초나 토대에는 안성맞춤이라고 할 수 있지만, 만일 이것으로 건물 전부를 세워 버리면 어떻게 될까? 아무도 그 건물을 눈여겨보는 사람이 없을 것이고, 그 앞에서 발을 멈추는 사람도, 하물며 안으로 들어가 보려는 사람도 없을 것이다. 정면이 멋없고 딱딱하므로 나머지는 가히 짐작할 수 있다. 사람들이 일부러 안으로 들어가서 마무리나 장식을 볼 필요가 없다고 생각하는 것도 무리가 아니다.

그런데 토스카나식의 토대 위에 도리아식, 이오니아식, 코린트식의 기둥이 늘어서 있어 아름다움을 겨루고 있다면 어떨까? 건축 따위에는 전혀 흥미가 없는 사람이라도 무의식중에 눈을 빼앗기고, 아무 생각 없이 지나가던 사람이라도 자기도 모르게 발길을 멈출 것이다. 그리고 안을 보고 싶다고 말하며, 실제로 안으로 들어갈 것임에 틀림없다.

'자기를 보다 좋게 보이게 하는 재주'를 연마한다

여기에 한 사람이 있다. 지식이나 교양은 보통이지만 보기에 인상이 좋고 말하는 솜씨에도 호감이 간다. 말하는 것, 행동하는 것 모두 품위가 있고 정중하고 붙임성이 있고…… 등등, 말하자면 자기 자신을 좋게 보이게 하는 재능이 뛰어난 인물이다.

여기에 또 한 사람이 있다. 지식이 풍부하고 판단력도 정확한 사람이다. 그렇지만 앞에서 말한 사람에게 있었던 것과 같은, 자신을 좋게 보이게 하는 재능은 결여되어 있다.

자, 어느 쪽 사람이 세상의 풍파를 더 잘 헤치고 나갈 수 있을까? 그렇다,

분명히 전자이다. 장식품을 많이 달고 있는 인물이 자기를 장식하려고 하지 않는 인간을 마음대로 농락할 것이다.

별로 현명하다고는 할 수 없는 사람들(전 인류의 4분의 3은 그렇지 않을까)의 마음을 붙잡는 것은 언제나 겉모양이다. 그들에게 있어서는 예의 범절이나 몸가짐이나 응대하는 방법이 전부인 것이다. 그 이상 안은 보려고 하지 않는다. 그렇지만 그것은 현명한 사람도 마찬가지이다. 현명한 사람도 눈이나 귀에 거슬리는 것, 마음을 움직이지 않는 것에 대해서는 머리도 따라가지 않는 법이다.

철두철미하게 '품위'를 유지하라

사람의 마음을 붙잡고자 하면 먼저 오감에 호소하는 것이 중요하다. 눈을 즐겁게 하고 귀를 즐겁게 해 준다. 그렇게 해서 이성을 단단히 사로잡고 마음을 빼앗는 것이다.

그런 뜻에서는 '철두철미하게 품위를 유지하라'고 말하고 싶다. 똑같은 일이라도 품위를 느낄 수 있는 것과 그렇지 않은 것과는 받아들이는 데 있어 하늘과 땅의 차이가 있다.

잠깐 생각해 봐라. 대답하는 것이 침착하지 못하고, 옷차림도 단정치 못하고, 말하는 품도 더듬거리거나 작은 목소리로 소곤소곤 말하거나 단조롭거나 꾸물대거나, 그리고 동작에도 주의가 부족한…… 그러한 사람을 처음으로 만난다면 어떠한 인상을 가지겠느냐?

그 사람에 관해서 아무것도 모르고 있는데도 불구하고, 또 어쩌면 그 사람이 굉장히 훌륭한 것을 가지고 있는지도 모름에도 불구하고, 그 사람의 내면까지 상상해 볼 마음의 여유도 없이, 그 사람을 마음 속에서 거부해 버리는 것은 아닐까?

그런데 그와는 반대로 말과 행동거지 모두에 신경을 쓰고 있어 품위를 느낄 수 있으면 어떨까? 내면 따위는 몰라도 그 사람을 본 순간에 마음을 빼앗겨, 그 사람에게 호의를 갖게 되어 버리는 것은 아닐까?

무엇이 어찌하여 그렇게 사람의 마음을 끄는 것인가를 설명하기는 어렵다. 그렇지만 한 가지 말할 수 있는 것은 말로는 설명할 수 없는 무엇인가가, 사소한 동작이나 사소한 말이, 그것 하나만으로는 그다지 빛나지 않는데 많이 모이면 찬연히 빛나기 시작하여, 그것이 사람의 마음을 붙잡고 놓아 주지 않는 것이 아닌가 하는 것이다. 마치 모자이크가 그 한 조각만으로는 아름답지 않지만, 모이면 하나의 무늬가 되어 아름다운 것과 비슷하다.

산뜻한 옷차림, 부드러운 동작, 절도 있는 옷차림, 듣기 좋은 목소리, 구김살 없고 그늘이 없는 표정, 상대방에게 맞장구치면서도 분명한 말솜씨—이 이외에도 많이 있지만 이런 것들 하나하나가 왠지 사람의 마음을 붙잡고 놓지 않는 작은 요소임에 틀림없다. 적어도 나는 그렇게 생각하고 있다.

2

타인의 '장점'을 끝까지
흉내내라

 남의 마음을 붙잡는 언동을 누구나
몸에 익힐 수가 있을까?

훌륭한 사람들과 빈번하게 교류할
수 있는 입장에 있고, 기회가 있으면,
그리고 자기에게 그럴 마음만 있으면

반드시 할 수 있다. 훌륭한 사람들을 주의해서 관찰하고, 그들이 하는 그대
로 하면 된다. 그렇게 하면 자신도 할 수 있게 된다.

우선 맨 처음에 보았을 때, 왠지 모르지만 눈이 끌려 호감을 갖게 되고
좋은 사람이라고 생각되는 사람이 있다면, 자신을 끌어당기는 말과 행동을
잘 관찰하여 무엇이 그렇게 좋은 인상을 주고 있는가를 생각하기 바란다.

대개는 갖가지 장점이 한데 어우러져 있는 경우가 많지만, 그 하나하나
는, 예를 들어, 겸손하지만 당당한 태도이기도 하고, 비굴하지 않게 경의를

표시하는 방법이기도 하고, 우아하고 뽐내지 않는 몸의 움직임이나 절도 있는 옷차림이기도 할 것이다.

여하튼 그것을 알았으면 흉내를 낼 일이다. 그러나 그 때 자기 개성을 버리고 흉내내서는 안 된다. 위대한 화가가 다른 화가의 작품을 본떠 그리는 것처럼, 아름다움이라는 관점에서나, 자유라고 하는 관점에서나, 결코 원작보다 못하지 않도록 공들여서 모방해야 한다.

호감을 가질 수 있는 인물을 관찰하여 흉내낼 것

만인으로부터 예의 범절도 훌륭하고, 호감을 가질 수 있는 인물이라고 인정받고 있는 사람을 만나면, 그 사람을 주목하여 주의 깊게 관찰해 보면 좋다.

웃어른에 대해서는 어떠한 태도로, 어떠한 말씨로 대하고 있는가, 자기와 지위가 같은 위치에 있는 사람과는 어떠한 교제를 하고 있는가, 자기보다 지위가 낮은 사람은 어떻게 다루고 있는가를 주의 깊게 관찰해 보면 좋다. 오전 중에 사람을 방문했을 때는 어떠한 내용의 이야기를 하고 있는가, 식탁에서는, 저녁 모임에서는 어떤가 등등. 그것들을 잘 관찰하여 그대로 해 보는 것이다.

그러나 덮어놓고 흉내만 내서는 안 된다. 철저히 그 사람의 복제물이 되는 것이다.

그렇게 노력하는 동안, 그 사람은 남을 가볍게 취급하는 일, 무시하는 일, 자존심이나 허영심에 상처를 주는 일 따위는 절대로 하지 않는다는 것을 알게 될 것이다. 그와 동시에 상대하는 사람에 맞추어서 경의를 표하거나, 평가를 하거나, 배려를 하거나 하는 등, 상대방을 기쁘게 하여 마음을 붙잡고 있다는 것도 알 수 있을 것이다. 결국 뿌리지 않은 씨는 자라지 않는 법이다. 호감을 가질 수 있는 인물도 정성들여 씨를 뿌려 풍성하게 맺은 열매를 수확하고 있는 것에 불과하다.

호감을 얻을 수 있는 언행은 실제로 흉내를 내고 있는 동안에 반드시 몸에 익힐 수 있다. 그것은 현재의 자기를 뒤돌아보면 쉽게 알 수 있다. 현재의 자기의 반 이상은 흉내로 이루어져 있는 것은 아닐까? 중요한 것은 좋은 예를 선택하는 일, 그리고 무엇이 좋은가를 판별하는 일이다.

인간이라는 것은 평상시에 자주 이야기를 나누고 있는 상대의 분위기, 태도, 장점, 단점뿐만 아니라, 사고 방식까지 무의식중에 받아들이는 법이다. 내가 알고 있는 몇몇 사람도 그 자신들은 그다지 대단한 머리를 가지고 있는 것도 아닌데, 평소에 현명한 사람들과 교제하고 있기 때문에 생각지도 못한 멋있는 기지를 발휘할 때가 있다.

너도 내가 항상 말하고 있는 것처럼, 훌륭한 사람들과 교제하도록 하면, 아무것도 하지 않아도 모르는 사이에 그들과 똑같게 될 것이다. 거기에 집중력과 관찰력이 더해지면 금상첨화, 곧 그들과 대등해지게 된다.

어떠한 인간에게도 자기의 스승이 될 수 있는 점이 있다

주위에 호감을 가질 수 있는 사람이 없으면 어떻게 하면 좋은가? 그럴 때

는 누구든지 좋으니, 자기의 주변에 있는 사람을 차분히 관찰할 일이다. 아무리 훌륭한 사람도 온갖 장점을 다 가질 수 없는 것과 마찬가지로, 아무리 쓸모없게 보이는 사람이라도 반드시 한 가지는 좋은 점을 가지고 있다. 그것을 흉내내면 좋다. 그리고 좋지 않은 부분은 타산지석으로 삼으면 된다.

호감을 얻는 사람과 그렇지 못한 사람의 차이는 무엇인가? 그것은 말과 행동의 내용은 똑같아도 태도가 전혀 다른 것이며, 그것이 바로 호감을 얻게 되는 이유이기도 한 것이다. 세상에서 인기가 있는 인물도, 품위를 전혀 느낄 수 없는 인물도, 말하고, 움직이고, 옷을 입고, 먹고, 마시고 하는 것은 마찬가지다. 다른 것은 그 방법과 태도이다.

그러므로 어떠한 화술, 걸음걸이, 먹는 방법 등이 볼썽사나운 인상을 주는지를 잘 관찰하면 자기는 어떻게 하면 좋을지 자연히 알게 될 것이다.

3

사람의 마음을 사로잡는 방법

실제로 사람의 마음에 호소하려면 어떻게 하면 좋을까?

다음에 몇 가지 항목으로 적어 보겠다. 참고가 되면 다행이겠다.

멋지게 서고, 멋지게 걷고, 멋지게 앉는다

얼마 전에, 너를 항상 칭찬해 주시는 하비 부인의 편지를 받았다. 네가 어떤 모임에서 춤을 추고 있는 것을 보았는데, 아주 우아하고 아름다운 몸놀림이었다는 것이 그 편지의 사연이었다. 나는 대단히 기뻤다. 춤을 우아하고 아름답게 출 수 있다면, 일어서는 것도, 걷는 것도, 앉는 것도 우아하게 할 수 있음에 틀림없다고 생각했기 때문이다.

선다, 걷는다, 앉는다는 것은 동작으로서는 단순하지만 춤을 잘 추는 것보다 훨씬 중요한 일이다. 내가 아는 사람 가운데 춤은 서투른데 몸 동작이 아름다운 사람은 있지만, 춤은 잘 추는데 몸 동작이 보기 흉한 사람은 한 사람도 없다.

멋지게 일어설 수도 있고, 멋지게 걸을 수도 있는데, 멋지게 앉을 수 있는 사람은 많지 않다. 사람 앞에 나가면 위축되어 버리는 사람이 있는가 하면, 부자연스럽게 등을 세우고 딱딱한 자세로 앉는 사람도 있다. 싹싹하고 조심성 없는 성격의 사람은 의자에 온 체중을 맡기듯 기대어 앉는다. 이런 자세는 상당히 친밀한 사이가 아니면 좋은 인상을 주지 못한다.

모범적으로 앉으려면 우선 마음을 편하게 가지고 겉으로도 그렇게 보이도록, 온 체중을 의자에 맡기지 말고 편안히 앉아라. 몸을 딱딱하게 하여 부동의 자세를 취하는 것이 아니라, 힘을 빼고 자연스럽게 말이다. 아마 너는 할 수 있겠지만, 만일 그렇지 않다면 될 수 있는 대로 이에 가깝게 앉을 수 있도록 연습하는 것이 좋다.

극히 사소한 동작의 아름다움이 여성뿐만 아니라 남성의 마음까지 사로잡는 것이다. 그것은 직장에서도 마찬가지다. 우아한 동작이 얼마나 사람의 마음을 사로잡는지 명심할 일이다.

예를 들어 한 여성이 부채를 떨어뜨렸다고 하자. 유럽에서 가장 우아한 사나이나 가장 우아하지 않은 사나이나, 그것을 주워 건네주는 데는 다를 바가 없다. 그렇지만 그 결과에는 큰 차이가 있다. 우아한 사나이는 주워 줌으로써 감사의 답례를 받지만, 우아하지 못한 사나이는 그 동작이 어색하기 때문에 웃음거리가 되어 버린다.

우아한 동작을 하는 것은 공공 장소에 국한된 것은 아니다. 일상의 장소에서도 마찬가지이다. 작은 일을 우습게 여기면 막상 하려고 할 때 하지 못하게 된다. 커피 한 잔을 마시는 데도 찻잔을 드는 방법이 이상하기 때문에, 찻잔 속에서 커피가 출렁출렁 춤을 추는 일이 없도록 해라.

개성이 어설프게 나타나지 않는 복장이야말로 최고의 옷차림이다

너도 이제 슬슬 네 복장에 대해서 신경을 써야 할 나이다. 나는 복장을 보면 아무래도 그 사람의 인품을 상상하게 된다. 다른 사람들도 그렇지 않을까?

나의 경우, 복장에서 조금이라도 어딘가 뽐내는 느낌이 들면 그 사람의 사고 방식도 조금 비뚤어져 있는 것이 아닌가 하고 생각해 버린다. 예를 들면, 현대의 영국 젊은이들은 어느 정도는 복장으로 자기 주장을 하고 있을 것이다.

거창하게 차려입는 것을 좋아하여 화려한 복장을 하고 있는 사람을 보면, 내용이 없음을 감추기 위해서 일부러 위압적인 차림을 하고 있는 것 같아 기분이 나빠진다.

한편, 옷차림에는 전혀 신경을 쓰지 않아, 궁정 사람인지 마부인지 구별을 할 수 없는 옷차림을 하고 있는 사람도, 또한 그 속 알맹이를 의심하지 않을 수 없다.

분별이 있는 사람은 복장에 개성이 나타나지 않도록 마음을 쓰는 법이

다. 자기만 특별하게 눈에 띄는 옷차림을 하지 않는다. 그 고장의 지식인이나 그 사회의 사람들과 똑같은 정도의 옷차림과 똑같은 정도의 복장을 한다. 옷차림이 지나치게 화려하면 들떠 보이고, 초라하면 복장에 신경을 쓰지 않는 것이 되어 실례가 된다.

내 생각으로는 젊은이는 초라하기보다는 조금 화려하다고 할 정도가 좋다. 화려한 옷차림은 나이가 들면 조금씩 수수해지지만, 지나친 무관심은 비참하다. 40세에는 사회에서 밀려나는 자가 되고, 50세에는 남이 싫어하는 자가 되어 버린다.

그러므로 주위 사람들이 화려한 옷차림을 하고 있을 때에는 자신도 화려하게, 간소하게 하고 있을 때에는 자신도 간소하게 입는 것이 좋다. 다만, 언제나 바느질이 잘 된 옷, 몸에 꼭 맞는 옷을 입을 것, 그렇지 않으면 부자연스럽고 어색한 느낌이 든다.

또 일단 그 날의 복장을 결정하고 그 옷을 입었으면, 두 번 다시는 복장에 대해서 생각하지 말 일이다. 콤비네이션이 이상하지 않은가, 색깔이 잘 맞지 않는 것은 아닌가 등등을 생각하고 있으면 동작이 딱딱해진다. 일단 입으면 다시는 옷에 신경쓰지 말고 아무것도 몸에 걸치고 있지 않은 것처럼 자연스럽고 기분 좋게 행동해라.

그리고 헤어 스타일에도 신경을 써야 한다. 머리 모양은 복장의 일부이다. 또 너는 양말을 흘러 내리게 신고 있거나 구두끈을 매지 않고 신지는 않겠지. 칠칠치 못한 발만큼 점잖지 못한 인상을 주는 것은 없으니 말이다.

남에게 좋은 인상을 주려면 청결이 특히 중요하다. 너는 손이나 손톱을 항상 깨끗하게 하고 있느냐? 이는 매일 식사 후마다 반드시 닦고 있느냐?

이는 특히 중요하다. 언제까지나 자기 이로 음식을 씹을 수 있게 하기 위해 서도, 저 견디기 어려운 치통을 앓지 않기 위해서도 주의를 게을리해서는 안 된다. 게다가, 이가 나빠지면 고약한 냄새가 나기 때문에 주위 사람들에 게도 실례가 된다.

너는 아주 좋은 이를 가지고 있는 것 같은데, 나는 그렇지 못하단다. 젊 었을 때부터 주의를 게을리했기 때문에 지금은 엉망이다. 식사를 끝냈을 때마다 따뜻한 물과 부드러운 칫솔로 4~5분간 닦고, 매일 5~6회 양치질 하는 습관을 들이면 좋다. 치열에 대해서는 그 곳에 유명한 전문가가 있다 고 들었다. 당장 찾아가서 이상적인 치열이 되도록 교정해 달라고 해라.

먼저 '표정'을 연마하면 마음도 자연히 연마된다

사람의 마음을 붙잡는 요인은 여러 가지 많지만, 그 중에서도 효과가 대 단히 크고, 사람의 마음을 붙잡고 놓지 않는 것은 표정이 아닐까? 그런데 너는 이것을 조금도 모르고 있는 것 같구나.

보통 사람은 조금이라도 자기 용모에 만족스럽지 않은 점이 있으면 그것 을 숨기고 보충하려고 필사적인 노력을 하는 법이다. 그다지 잘생기지 못 한 용모로 태어난 사람이라면 더욱 그렇다. 조금이라도 좋게 보이려고 고 상하게 행동해 보기도 하고, 상냥하게 미소를 지어 보기도 하고(대개는, 밀 턴의 〈실락원〉에 등장하는 악마처럼 더욱 무서운 형상이 되지만), 눈물겨울 정 도의 노력을 하고 있다.

하느님께서 주신 모처럼의 용모를 감사하게 생각하지 않을 뿐더러 그것을 모독하고 있는 것은 너뿐이다. 너의 얼굴 모습과 그 표정은 도대체 어떻게 된 것이냐? 자기 딴에는 사나이답고, 사려 깊고, 결단력이 풍부한 표정을 하고 있다고 생각하고 있는지 모르지만 당치도 않은 착각이다. 크게 칭찬해서 보아 준다고 해도, 매일 구령만 붙이며 위엄 있게 보이려고 애쓰고 있는 하사와 똑같은 얼굴이다.

내가 알고 있는 어떤 젊은이는 국회 의원으로 처음 선출되었을 때, 자기 방에서 거울을 보고 표정과 동작 연습을 하고 있는 것을 들켜서 웃음거리가 된 일이 있다. 그러나 나는 웃을 수가 없었다. 오히려, 이 젊은이는 웃고 있는 사람들보다 훨씬 사리를 잘 알고 있다고 생각되었다. 공공 장소에 나갔을 때 얼마나 표정과 동작이 중요한가를 그는 알고 있었다.

이런 말을 하면 너는 틀림없이 이렇게 말할 것이다.

"그렇다면 온순한 얼굴 표정이 되도록 연구하기 위해, 하루 온종일 신경을 쓰고 있으라는 말입니까?"

그에 대해 대답하겠다. 하루 온종일 신경 쓰라는 것이 아니다. 2주일 동안이면 족하다. 2주일 동안이라도 좋으니, 좋은 표정을 지을 수 있도록 노력하기 바란다. 그렇게 하면 그 후는 일체 얼굴 표정을 생각하지 않아도 된다. 모처럼 하늘로부터 받은 얼굴이다. 지금까지 무관심하게 모독해 온 것의 절반만이라도 좋으니 노력할 일이다.

먼저, 눈 언저리에는 항상 상냥한 표정이 떠오르도록 해라. 그리고 전체적으로 미소짓고 있는 듯한 표정이 좋다. 그런 뜻에서는 수도사의 표정을 조금 본떠 보면 어떨까? 선의가 넘치고, 자애에 가득 차고, 엄숙한 중에도 열의가 담긴 표정—몹시 사람의 마음을 끌어당기는 매력을 가지고 있다고 생각하는데, 어떠냐? 물론, 표정만이 좋은 것은 아니다. 대개의 사람은 마음이 뒤따르고 있다. 마음이 뒤따르고 있다고 생각되기 때문에 그들의 표정이 사람들의 마음을 사로잡아 호감을 가지고 받아들여지는 것이다.

그래도 아직 표정을 교정하는 일을 귀찮다고 생각하겠느냐? 1주일 동안에 단 30분만 노력하면 되지 않느냐. 그러면 너에게 물어보겠는데, 너는 왜 그렇게 능숙하게 출 수 있는 춤을 배웠느냐? 그것도 귀찮은 일이었을 것이다. 적어도 의무는 아니었을 것이다.

너는 이렇게 대답할 것임에 틀림없다.

"그것은 사람의 마음을 붙잡기 위해서입니다."

정답이다.

그러면 너는 왜 고급 옷을 입고, 머리를 퍼머했느냐? 그것 역시 귀찮은 일이 아니냐. 머리는 퍼머하지 않는 것이 편하고, 옷도 얄팍한 누더기를 걸치고 있는 것이 편할 것이다. 그런데 왜 그런 것에 신경을 쓰느냐?

너는 대답하겠지.

"그것은 남에게 싫은 인상을 주지 않기 위해서입니다."

그것도 정답이다. 그것을 알고 있다면, 그 다음은 도리에 따라서 행동하면 된다. 춤이나 복장이나 머리 모양보다도 더 근본적인 '표정'을 연구하는 것이다.

표정이 나쁘면 춤도 옷도 머리 모양도 잡쳐 버린다. 게다가 네가 춤추는 것은 기껏해야 일년에 6~7회 정도지만, 너의 표정은 365일 하루도 빠지지 않고 얼굴 위에서 사람들의 눈에 노출되어 있는 것이다.

4

남에게 '호감'을 사기 위한 연구를 하고 있는가?

다음에 열거한 것들을 몸에 익힐 수 없다면, 아무리 풍부한 지식을 가지고 있어도, 아무리 약삭빠르게 굴어도 생각대로 일이 이루어지지 않을 것이다.

바로 지금이야말로 이 장식을 몸에 익힐 때이다. 지금 익히지 못하면 평생 익히지 못할 것이다. 그러므로 다른 일들은 모두 뒤로 돌리고 지금은 이 일에만 몰두해야 할 것이다. 튼튼한 틀과 매력적인 장식이 합쳐진다면, 그보다 훌륭한 것은 없다.

내가 이런 편지를 써서 너에게 외면을 장식하라고 열심히 타이르고 있다는 것을 안다면, 융통성이 없는 획일적인 인간이나 세상을 등진 현학적 인간은 도대체 어떻게 생각할까? 아마 몹시 경멸하는 얼굴을 하고, "아버지가 자식에게 주는 교훈이라면 그보다 좋은 것이 얼마든지 있을 텐데……"

라고 말할 것임에 틀림없다.

아마도 그들의 사전에는 '호감을 갖는다'라든가 '남에게 호감을 주는' 등의 말이 없을 것이다. 그렇지만 현실적으로 이 말이 존재한다는 것은 그만큼 사람들이 '호감을 산다'는 것을 화제로 삼고, 그것에 관심을 가지며, 그것을 바라고 있기 때문이다. 결코 무시하여 웃어넘길 일이 아니다.

예의 범절에 대해서

평소 생각하고 있는 일이지만, 세상 젊은이들 가운데 그처럼 예의가 없고 보기 흉한 인간이 많은 것은 그 부모들이 예의 범절을 가볍게 보고 있거나, 그런 일에 전혀 관심이 없거나, 둘 중 하나이기 때문이 아닐까?

그들은 기초 교육과 대학 교육, 그리고 유학 등 교육을 다 시키기는 한다. 그런데 자식들에게 무관심하고 부주의하거나, 각 교육 과정에서 자기 자식이 어떻게 성장하고 있는가를 관찰하지 않고, 혹은 관찰했다 해도 그것을 판단하는 일 없이, 속절없이 세월만 보내고 있는 것이다. 그리고 자신을 안심시키기 위해서 이렇게 혼잣말을 하고 있는 것이다.

'괜찮다, 다른 아이들과 마찬가지로 잘하고 있을 것이다.'

그런데, 그들은 다른 아이들과 마찬가지로 학교에 다니고 있는 것은 틀림없지만, 잘하고 있는 것은 아니다. 그들은 학교 시절에 몸에 익힌 어린아이 같은 천한 장난을 그만두지 않는다. 대학에서 몸에 익힌 편협한 태도를 바꾸지 않는다. 유학 중에 몸에 익힌 거만한 태도를 고치지 않는다.

그런 것은 부모가 지적해 주지 않으면 달리 주의를 줄 사람이 없다. 그러므로 젊은이들은 자기가 눈을 가리고 싶을 정도의 태도를 몸에 익히고 있다는 것은 조금도 모르는 채 오로지 눈꼴 사나운 무례한 행위를 계속하고 있음에 틀림없는 것이다.

앞에서도 여러 번 이야기했지만, 자식의 예의 범절이나 사람을 대하는 태도를 이러쿵저러쿵 말할 수 있는 것은 아버지뿐이다. 그것은 자식이 어른이 되어서도 마찬가지다. 아무리 친한 친구라도, 아버지와 같은 경험은 없거니와, 주의 같은 것은 줄 수 없다.

너는 나와 같이 충실하고 우호적이며 눈이 밝은 감시자를 가지고 있어서 다행이다. 나의 눈을 피할 수 있는 것은 하나도 없다고 해도 좋다. 너에게 결점이 있으면 그것을 재빠르게 발견하여 고치도록 지시를 한다. 장점이 있으면 재빠르게 발견하여 박수를 보낸다. 그것이 어버이로서의 나의 임무라고 생각한다.

5

'학문'으로 배울 수 없는
교육이야말로 중요하다

 인간이란 원래 완벽한 것은 아니다. 그것을 가능한 한, 완벽한 모습으로 접근시키려고 하는 것이, 네가 출생한 이래 내가 너에게 대해 가지고 있었던 소원이며, 나는 이를 실현시키기 위해서 한결같이 노력을 거듭해 왔다. 그 수고를 아끼지 않거니와 그 비용을 아끼지도 않는다. 교육이라는 것은 인간을 타고난 자질 이상으로 개조시킬 수 있다는 것을 알고 있기 때문이다. 그것은 너도 경험상 알게 되었을 것이다.

먼저, 내가 어린 너에게 한 일은, 아직 판단력이 없는 동안 선(善)을 사랑하는 마음과 사람을 존경하는 마음을 심어 주는 일이었다. 너는 그것을 마치 문법을 외듯이 기계적으로 몸에 익혔다. 그리고 지금은 자기 자신의 판단으로 그것을 하고 있다. 하기야 선을 행하는 사람을 존경하는 일 등은 당연한 일로서, 보통 사람들이 가르침을 받지 않아도 하고 있는 일이기는 하지만.

섀프츠베리 경은 아주 적절하게도 이렇게 말하고 있다.

"나는 남이 보기 때문에 선을 행하는 것이 아니라 나 자신을 위하여 선을 행하는 것이다. 그것은 남이 보기 때문에 청결하게 하는 것이 아니라 나 자신을 위하여 청결하게 하는 것과 마찬가지다."

그러므로 너에게 판단력이 생긴 후로, 나는 선을 사랑하라는 말은 단 한 마디도 하지 않았다. 당연한 일이기 때문이다.

그 다음에 내가 마음먹은 것은, 너에게 실질적이며 한쪽으로 치우침이 없는 교육을 베푸는 일이었다. 이것도 처음에는 나, 그 다음에는 하트 씨, 그리고 최근에는 네 자신의 힘으로 예상 이상의 성과를 올렸다. 나의 기대에 충분히 부응해 주었다고 말해도 좋다.

그리고 지금, 마지막으로 남아 있는 것이 사람과 접촉하는 방법, 곧 예의 범절을 가르치는 일이다. 이것을 알지 못하면 모처럼 몸에 익힌 것이 불완전하게 되고, 빛을 잃고, 어떤 면에서는 헛된 것이 되어 버릴 것이다. 그런데 유감스럽게도 너는 이 점이 부족한 것 같으므로 이 편지는 그 점에 중점을 두어 쓰기로 하겠다.

먼저, 자기를 억제하고 상대편에게 맞추려고 하는 것이 기본이다

우리들의 공통적인 친구인 어떤 분은 예의에 관해서, '서로 자신을 조금

억제하고 상대편에게 맞추려고 하는, 분별과 양식 있는 행위'라고, 멋있는 설명을 하고 있다. 이에 이의를 제기하는 사람은 없을 것이다. 다만, 분별과 양식 있는 인간(너도 그 한 사람이다)이, 누구나 다 예의바른 인간이 될 수 있는 것이 아니라는 점은 오히려 놀랄 만한 일이다.

확실히 예의를 어떻게 나타내는가는 사람, 고장, 환경에 따라서 큰 차이가 있고, 그것은 실제로 자신의 눈으로 보고 귀로 듣지 않으면 모르는 일이기는 하다. 그렇지만 예의를 존중하는 마음 그 자체는 어느 시대에나 어디를 가나 변함이 없을 것이다. 그러므로 뜻이 있느냐 없느냐가 예의바른 인간이 되느냐 못 되느냐의 열쇠가 된다.

예의가 특정 사회에 미치는 영향은 도덕이 사회 전반에 미치는 영향과 비슷하다. 그것은 사회를 하나로 묶고, 안전성을 높인다는 영향이다. 비슷한 것은 그것뿐이 아니다. 일반 사회에는 도덕적 행위를 권장하기 위해서(또는 적어도, 부도덕한 행위로부터 몸을 지키기 위해서), 법률이라는 것이 제정되어 있을 것이다. 그것과 마찬가지로 특정한 사회에도 예의바른 행위를 권장하고 무례를 훈계하기 위한 암묵의 규율과 같은 것이 있다.

이렇게 말하면, 법률과 암묵의 규율을 동일시하다니…… 하고 놀랄지도 모르지만, 나에게는 공통적인 것처럼 생각된다. 남의 영토에 침입한 부도덕한 사나이는 법에 의해서 처벌받을 것이다. 그와 마찬가지로, 타인의 평화스러운 사생활에 서슴없이 침입한 무례한 인간도 또한, 사회 전체의 암묵적인 합의에 의하여 추방되는 것이다.

문명 사회에 사는 인간에게 있어, 상냥하게 행동하고, 상대편에게 주의를 하고, 약간의 희생은 치른다……는 것은, 누구로부터 강요받는 것이 아니라 자연적으로 몸에 붙는 일종의 암묵적 협정 같은 것이다. 그것은 왕과 신하가 충성과 복종이라는, 암묵의 협정으로 맺어져 있는 것과 조금도 다를 바가 없다. 어느 경우에도 그 협정을 어긴 자가, 협정에 의해서 발생하는 이익을 박탈당하는 것은 당연한 보답이라고 할 수 있다.

　나 개인의 생각을 말한다면, 예의를 다하는 것은 선행 다음으로 사람들의 마음을 붙잡는 것이 아닌가 생각한다. 나 자신도 '아테네의 장군 아리스테이데스(Aristeides; 520~468 B.C. 청렴으로 유명했던 정치가)와 같다'는 찬사를 받으면 가장 기쁘지만, 그 다음으로 기쁜 것은 '예의바른 사람'이라는 말을 듣는 것이다. 그만큼 예의는 중요한 것이다.

6

상황에 따른 예절

 예의 전반에 관한 이야기는 이 정도
로 해 두고, 다음은 상황에 따른 예절
로 이야기를 옮기자.

윗사람에게는 우아하게 행동한다

명백히 윗사람이라는 것을 알 수 있는 사람, 공적인 지위가 높은 사람에
게 예의를 소홀히 하는 사람은 없다. 요는 그것을 어떻게 나타내느냐이다.
분별이 있고 인생 경험이 있는 인물은 어깨에 힘을 주지 않고 자연스럽게
최대한의 예의를 표현할 수 있다.

그런데, 훌륭한 사람들과 별로 교제해 본 적이 없는 사람들은 실로 어색

하여 옆에서 보고 있어도 애처로울 정도로 용기를 쥐어짜고 있는 것을 알 수 있다.

　그러나, 그렇다고 해서 존경하는 사람을 앞에 두고 꼴사납게 의자에 걸터앉거나, 휘파람을 불거나, 머리를 박박 긁거나 하는 무례한 행위를 하는 사람은 없을 것이다. 윗사람 앞에서 주의해야 할 일은 오직 한 가지, 겁먹지 말고 힘을 빼고서 우아하게 예의를 다하는 일이다. 이것은 좋은 본보기를 관찰하여 실제로 흉내냄으로써 몸에 익혀 두는 길밖에 없을 것이다.

편한 모임에서는 '선(線)'을 지킨다

　특별히 윗사람이 없는 편한 사람들과의 모임에서는 적어도 잠시 동안은 초대받은 사람 모두가 똑같은 입장이라고 해도 좋다. 이 경우, 경외의 마음이나 경의를 표해야 할 인물은 원칙적으로 없는 셈이므로, 행동도 자유롭게 되기 쉽고, 자연히 긴장해야 할 일도 적어진다. 어떠한 교제에도 절대로 지켜야 할 선이라는 것이 있는데, 이 경우도 그것을 지키기만 하면 우선 무난하다고 할 수 있다.

　그렇지만 잊어서는 안 되는 것은, 특히 주의를 기울여야 할 상대도 없는 대신에 누구나 대강의 예의나 배려를 기대하고 있다는 것이다. 그러므로 주의가 산만하거나 무관심한 것은 허용되지 않는다.

　예를 들면 누군가가 다가와서 따분한 이야기를 시작했다고 해도 너는 우선은 정중하게 응대해 주지 않으면 안 된다. 깜박 이야기를 건성으로 듣거나 해서 상대를 무시하고 있다는 것이 드러나면, 아무리 대등하다 하더라도 그것은 벌써 '실례' 정도가 아니라 '굉장한 무례'가 되는 것이다.

이것은 상대가 여성인 경우 더욱 그렇다. 어떠한 지위에 있는 여성이라도, 주목하는 것만으로는 충분치 못하며 아부에 가까울 정도의 배려가 필요하다. 그들의 사소한 소원, 좋아하고 싫어하는 것, 취미, 변덕뿐만 아니라 건방진 태도에까지 신경을 써야 한다. 그들을 배려해 주고, 가능하면 무엇을 바라고 있는가를 추측해서 먼저 이야기를 꺼내지 않으면 충분하다고 말할 수 없다. 예의바른 사람은 모두 그렇게 하고 있다.

편한 사람들과의 모임에서 예의를 다하기 위해서는 어떻게 해야 하는가를 일일이 열거하는 것은 한이 없을 뿐만 아니라, 너에게도 실례라고 생각되므로 이것으로 그만해 두자. 그 뒤는 너의 양식으로 판단하고, 무엇이 이로운가를 생각하면서 행동하기 바란다.

'신분이나 지위가 낮은 사람'을 적으로 만들지 말라

혹시, 너는 네 방을 청소해 주는 사보이인이나 구두를 닦아 주는 고용인보다도, 네가 태어나면서부터 우수하다고 생각하고 있지는 않겠지.

너는 하늘이 너에게 주신 행운에 감사해야 한다. 그렇지만 불운하게 태어난 사람들을 멸시하거나 불필요한 말을 해서 그들의 불운을 상기시키는 일을 해서는 안 된다.

나는 나와 대등한 사람을 대할 때 이상으로, 신분이나 지위가 낮은 사람을 대하는 태도에 신경을 쓰고 있단다. 그것은, 그 사람의 노력이나 실력 등과는 아무 관계 없이, 단순히 운명에 의해서 결정된 신분이나 지위의 차이를 새삼스럽게 의식케 함으로써, 내가 시시한 자존심을 만족시키고 있는 것처럼 오해받고 싶지 않기 때문이다.

그런데 젊은이들은 거기까지 생각이 미치지 못하는 법이다. 명령적인 태도나 권위를 등에 업은 단정적인 말투를, 용기 있는 사람, 기개 있는 사람이라는 증거라고 오해하기 쉽다.

생각이 미치지 않는 것은 주의가 부족한 탓도 있지만, 일반적으로는 신경을 쓰려고 하지 않는다, 오만하다, 신분이 낮다고 업신여기고 있다고 오해받는 경우가 많다. 그렇게 되면 상대방은 언제까지나 적의를 품게 된다. 물론 이럴 경우 나쁜 것은 젊은이 쪽이다. 상대가 화를 내는 것도 무리가 아니다.

신분이나 지위가 낮은 사람에게 신경을 쓰지 않고, 도대체 어디에 주의를 기울이고 있느냐 하면, 그것은 일련의 지인이나 한층 뛰어난 사람들, 즉 지위가 높은 사람, 유별나게 아름다운 사람, 인격자 등이다. 그리고 그 이외의 사람은 주목할 만한 가치가 없다는 듯이, 보통의 예의조차도 표하려 하지 않는다.

사실을 말하자면 나도 네 나이 때는 그러했다. 매력적인 일부 사람의 마음을 붙잡는 데만 필사적이었고, 나머지 사람은 일반적인 예의조차도 필요 없는 잡동사니라고 생각하고 있었다. 그래서 각료나 지식인이나 뛰어난 미인 등 화려하고 눈에 띄는 인물에게만 한결같이 예의를 다하고, 어리석게도 다른 사람에게는 전혀 예의를 지키지 않아, 그 사람들 모두를 화나게 만들어 버렸다.

이런 어리석은 행동의 결과, 나는 남성에게도 여성에게도 많은 적을 만들어 버렸다. 잡동사니라고 생각하고 있었던 그들이, 내가 가장 좋은 평판을 얻고자 했던 장소에서, 결정적으로 나에 대한 평가를 깎아내린 것이었다. 나는 오만하다고 오해받았던 것이다. 그렇지만 사실은 분별이 모자랐을 뿐이었다.

옛 격언에 "인심을 얻은 왕이야말로 가장 태평하고 권력을 오래 유지할 수 있는 왕이다"라는 말이 있다. 신하의 인심을 얻는 것은 어떠한 무기보다도 강하다. 신하의 충성을 원하거든 신하의 공포심을 사는 것보다는 오히려 인심을 얻으라는 뜻이다. 지위가 낮은 우리들도 마찬가지이다. 사람의 마음을 붙잡는 기술을 알고 있다는 것은 무엇보다도 강한 힘을 가지고 있는 것이 된다.

'원석(原石)'인 채로 일생을 끝마치지 말라

다음에 이야기하고 싶은 것은, 그런 데서 실수를 할 리가 없다고 잘못 생각하여 뜻하지 않은 실패를 해 버리는 예이다. 그렇다…… 아주 친한 친구나 지인에 대한 행동에 관해서이다.

친한 사이에서는 편안한 기분이 되어도 좋다. 또 그렇게 되는 것이 당연하기도 하다. 그러한 관계가 사생활에 편안함을 주는 것도 확실하다.

그러나, 그렇다고 해서 보통의 경우라면 절대로 발을 들여놓아서는 안 되는 영역에까지 발을 들여놓아도 좋다는 것은 아니다. 말하고 싶은 대로 제멋대로 지껄여 대면 친한 친구와의 즐거워야 할 대화도 즉시 퇴색해 버린다(자유가 지나치면 뜻하지 않게 몸을 망쳐 버리는 경우와 비슷하다).

막연한 이야기로는 이해가 잘 되지 않는다고 생각하므로 한 가지 확실한 예를 들어 보자.

예를 들어, 나와 네가 한 방 안에 있다고 하자. 나는 내가 무엇을 해도 상관없다고 생각하고 있고, 또 너도 너 하고 싶은 대로 하리라고 생각하고 있다. 그럴 때, 두 사람 사이에는 아무런 예의나 삼가함이 필요 없다고 내가 생각하고 있는 줄 아느냐? 그런 생각은 조금도 하지 않고 있다.

아무리 상대가 너라도 어느 정도의 에티켓은 지켜야 한다고 생각하고 있다. 정도의 차이는 있겠지만 그것은 다른 사람에 대해서도 마찬가지다. 만일 네가 이야기하고 있는 동안, 내가 줄곧 다른 생각을 하고 있거나, 너의 눈앞에서 크게 하품을 하거나, 코를 골거나, 실수를 하거나 한다면, 나는 내가 얼마나 야만스러운 행동을 한 것일까 하고 부끄럽게 생각할 것이다. 그리고 너의 발길이 멀어지는 것을 각오해야 할 것이다.

그렇다. 아무리 친한 사이라도 둘 사이를 파괴하고 싶지 않으면, 그리고 오래 지속시키고 싶으면, 어느 정도의 예의는 필요한 법이다. 남편과 아내가(남자와 여자라도 좋다), 낮 동안과 마찬가지로 밤을 함께 지낼 때, 삼가함도 예의도 모두 없애 버린다면 어떻게 될 것인가? 그렇다. 의좋은 다정함도 얼마 안 가 싫어지고 서로 경시하게 될 것임에 틀림없다.

누구나 나쁜 점을 가지고 있다. 그것을 속속들이 드러내는 것은 예의에 어긋나는 일일 뿐만이 아니라 무분별하기도 한 것이다.

그렇다고 해서, 너를 상대로 거창한 예의 범절을 표현하는 행동은 하지 않는다. 그런 일을 한다면 부당하기가 이만저만이 아니다. 너에게 대해서는 너에게 알맞은 예의를 다한다. 그렇게 하는 것이 예의에 맞는 일이며, 또 서로가 언제까지나 사이좋게 지낼 수 있는 상태를 유지하기 위해서는 그렇게 하는 것이 절대로 필요하다.

　예의에 관해서는 이 정도로 해 두자. 그러나, 하루 시간의 절반은 예의를 몸에 익히는 노력을 해 주기 바란다.

　다이아몬드도 원석일 동안엔 아무런 쓸모가 없다. 값어치는 있을지 모르지만 갈고 닦아져야 비로소 사람들이 몸에 지니게 된다. 물론 다이아몬드가 아름다운 것은 원석이 딱딱하고 밀도가 높기 때문이다. 그렇지만 갈고 닦는 최후의 마감 작업이 이루어지지 않으면 언제까지나 더러운 원석으로 남아 있게 되어, 기껏해야 호기심 많은 수집가의 진열장에 들어갈 정도이다.

　너도 알맹이는 밀도가 높고 견고하다(나는 믿고 있다). 다음은 지금까지와 같은 정도로 노력하여 갈고 닦을 일이다. 네가 사용법만 알고 있다면, 주위의 훌륭한 사람들이 너를 멋있는 모양으로 조각하여, 진정한 빛이 나도록 갈고 닦아 줄 것이다.

자기 자신에게 결여되어 있는 것이 자식에게서 실현되는 것을

보고자 하는 것은 모든 아버지의 경건한 소원이다.

괴테(1749~1832. 독일의 문호)

제 9 장

내 아들에게 보내는 '인생 최대의 교훈'

인간은 야무져야 살아갈 수 있다.

1

인생 최대의 교훈 '언행은 부드럽게, 의지는 굳게'

언젠가 너에게 이런 말을 소개하고, 항상 염두에 두고 행동해 주기 바란다고 편지에 쓴 적이 있었는데, 기억하고 있느냐? 그것은 '언행은 부드럽게, 의지는 굳게'라는 말이다. 이 말만큼 인생의 모든 경우에 활용할 수 있는 말은 없다고 해도 좋을 것이다.

오늘은 이 말에 관해서 나이 든 설교사가 된 셈치고 설교해 보겠다. 먼저, 이 말을 구성하는 두 가지 요소, '언행은 부드럽게'와 '의지는 굳게'에 관해서 설명하고, 다음에, 이 두 가지가 하나가 되었을 때 어떠한 효과를 가져오는가에 대해서, 그리고 마지막으로 그 실천에 대해서 언급하고 싶다.

사람을 대하는 언행만 부드러울 뿐, 의지가 굳세지 못하면 어떻게 되는가? 다만 붙임성이 좋을 뿐, 비굴하고, 마음이 약하고, 소극적인 인간으로 전락해 버린다. 의지는 굳센데, 언행이 부드럽지 못한 사람은 어떨까? 그런 사람은 용맹스럽고 사나울 뿐인 저돌형 인간이 될 것이다.

사실은, 양쪽을 다 갖추는 것이 바람직하지만 그런 사람은 여간해서 드물다. 의지가 굳센 사람 중에는 혈기 왕성한 사람이 많으며, 언행이 부드러운 것을 '연약함'이라고 단정하여 무엇이나 힘만으로 밀어붙이려고 한다. 이런 사람은 내성적이고 소심한 사람이 상대인 경우는 자기 마음대로 일이 진행되지만, 그렇지 않을 경우에는 상대편의 분노나 반감을 사서 목적을 달성할 수 없다.

또 사람을 대하는 언행이 부드러운 사람 중에는 교활한 사람이 많아, 그런 사람은 모든 것을 부드러운 대인 관계로 손에 넣으려고 한다. 이른바 팔방미인이다. 마치 자기 자신의 의지 따위는 없는 것처럼, 임기응변으로 얼마든지 상대편에 맞추어 간다. 이런 사람은 어리석은 자는 속일 수 있어도, 그 이외의 사람은 속일 수 없고, 즉시에 가면이 벗겨지고 만다.

사람을 대하는 언행이 부드럽고 의지가 굳센 것, 이 양쪽을 겸비할 수 있는 사람은 강압적인 사람도 팔방미인도 아니다. 현명한 사람일 뿐이다.

의지가 강할수록 '부드러움'으로 능숙하게 감싸라

그러면, 이 두 가지를 겸비하고 있으면 어떠한 이점이 있는가?

남에게 명령을 내리는 입장에 있을 경우, 공손한 태도로 명령을 내리면 그 명령은 기쁘게 받아들여지고 기분 좋게 실천에 옮겨질 것이다. 그런데 무턱대고 딱딱거리며 명령하면 그 명령은 적당히 수행되거나 중도에서 내팽개쳐져 버린다.

예를 들면, 내가 부하에게 "술을 한 잔 가져오라"고 난폭하게 명령했다고 하자. 그런 식으로 명령했을 때, 나는 그 부하가 술을 가져올 때 내 옷에 술을 엎지르리라는 것을 각오해야 할 것이다. 그런 일을 당하기에 마땅한 짓을 했기 때문이다.

물론 명령을 내릴 때는 "복종하기 바란다"고 하는 냉정하고도 강력한 의지를 보여 주는 일도 필요하다. 그렇지만 그것을 부드러움으로 감싸서, 불필요한 열등감을 갖지 않도록, 될 수 있는 대로 기분 좋게 명령에 복종하도록 배려하는 것도 필요하다.

그것은 네가 윗사람에게 무엇인가 부탁할 때나 당연한 권리를 요구할 때도 마찬가지다. 공손한 태도로 그것을 하지 않으면, 본래 네 부탁을 거절하고 싶어하는 사람에게 적당한 구실을 주어 버린다. 그렇다고 해서, 부드러움만으로도 일은 성취되지 않는다. 절대로 뒤로 물러서지 않는 끈기와 품위를 잃지 않는 집요함으로, 의지가 얼마나 강한가를 보여 주는 일이 중요하다.

인간, 특히 지위가 높은 사람은 도리에 맞는다는 이유로 행동을 일으키는 일은 좀처럼 없다고 해도 좋다. 보통 때라면 정의를 위해서, 또는 국가의 이익을 위해서라는 이유를 내세워 거절하는 일이라도, 집요함에 지거나 원한을 사는 것이 두려워서 고개를 끄덕이는 경우가 많다.

말과 행동을 부드럽게 해서 그들의 마음을 붙잡아야 한다. 그렇게 하면 적어도 거절할 구실은 주지 않게 된다.

그러나 동시에 의지가 강하다는 것을 보여 줌으로써, 보통 때 같으면 들어 주지 않을 만한 일이라도, 귀찮으니까, 원한을 사는 것이 두려우니까 하는 마음을 갖게 해서 들어 주도록 만들면 좋다.

신분이 높은 사람은 사람들의 여러 가지 청탁이나 불만에 익숙해져 있다. 외과 의사들이 환자가 호소하는 통증에 불감증이 되어 있는 것과 마찬가지여서, 하루 종일 똑같은 하소연을 듣고 있어 어떤 것이 진짜이고 어떤 것이 가짜인가의 구별도 할 수 없게 되어 있다. 그러므로, 보통으로—공평한 입장에서 또는 인도적인 입장에서—호소해서는 좀처럼 들어 주지 않는다. 다른 감정에 호소할 수밖에 없는 것이다.

이를테면, 부드러운 말씨와 태도로 호의를 산다든가, 끈질기게 호소하여, 이제 그만 알았다라고 굴복시킨다든가, 혹은 품위를 떨어뜨리지 않고 들어 주지 않으면 원한을 품겠습니다라고 말하듯 냉담한 태도를 취하여 두려움을 갖게 한다든가 하는 식이다. 진정으로 강한 의지는 이러한 것이다. 결코 무턱대고 밀고 나가는 것이 아니다.

부드러운 언행과 강인한 의지를 겸비하는 일이야말로, 멸시받는 일 없이 사랑받고, 미움받는 일 없이 존경받게 하는 유일한 방법이며, 또 세상의 지혜 있는 자들이 한결같이 몸에 익히고자 하는 위엄을 몸에 익히는 방법이기도 하다.

'항상 길을 양보한다는 것'과 '온유하다는 것'은 크게 다르다

다음은 실천으로 이야기를 진행시키자.

감정이 흥분되어 사려가 없거나 무례한 말이 무의식중에 입 밖으로 나올 것 같으면, 자기 자신을 억제하고 언행을 부드럽게 해야 한다. 이것은 상대가 윗사람이거나 자기와 대등한 사람이거나 신분이 낮은 사람이거나 마찬가지다. 감정이 분출하려고 하면 진정될 때까지 침묵을 지키고, 표정의 변화를 간파당하지 않도록 신경을 집중시켜라(표정을 간파당한다는 것은 비즈니스에서는 치명적인 약점이다).

하지만, 그렇다고 해서 더 이상 단 한 발자국도 양보할 수 없는 대목에서는 애교를 부리거나, 상냥하게 굴거나, 비위를 맞추는 등 연약하게 상대에게 아첨하는 짓 따위를 해서는 안 된다.

그럴 경우에는 공격 일변도로 집요하게 공격을 반복하는 것이 좋다. 그렇게 하면 손에 넣을 수 있는 것이 어김없이 손에 들어오게 마련이다. 온유하고 내성적이며, 항상 길을 양보하는 그러한 사람은 사악한 인간, 남의 고통을 이해하지 못하는 인간에게 짓밟히고 바보 취급을 받을 뿐이다. 거기에 하나의 강력한 뼈대가 들어가면 존경을 받게 되고, 대개는 마음먹은 대로 된다.

친구나 지인에 대해서도 마찬가지다. 요지부동한 의지의 힘은 그들의 마음을 사로잡을 것이다. 그리고 부드러운 언행은 그들의 적을 자기의 적으로 만드는 것을 방지해 줄 것이다. 자기의 적에게는 부드러운 태도로 마음을 열도록 만들어야 한다.

동시에, 상대에게 이쪽 의지의 강인함을 보여 주어, 자기에게는 분개할 만한 정당한 이유가 있음을 보여 주는 것도 중요하다. 자기는 상대와 달라서 악의를 품는 것과 같은 소견 좁은 짓은 하지 않는다. 자기가 하고 있는 일은 사려 분별이 있는 정당 방위라는 것을 분명히 해 두어야 한다.

일의 교섭을 마음먹은 대로 진행시키는 비결

일에 대한 교섭을 할 때도, 의지의 강함을 느끼게 하는 것을 잊어서는 안 된다. 부득이 타협하지 않으면 안 될 때가 올 때까지 한 발자국도 물러서서는 안 되며, 절충안도 받아들여서는 안 된다. 부득이 타협하지 않으면 안 될 경우에도 저항하면서 한 발자국 한 발자국씩 물러서야 한다.

그렇게 하면서도, 부드러운 태도로 상대의 마음을 붙잡는 것을 잊어서는 안 된다. 상대의 마음을 붙잡게 되면 이해를 얻을 수 있어 마음을 움직일 수 있을지도 모른다.

떳떳하고 솔직하게 이렇게 말해 보면 좋다.

"여러 가지 문제는 있습니다만 그렇다고 해서 귀하에 대한 저의 존경심에 변함은 없습니다. 오히려 그 반대로 이번 일에서 귀하께서 진력해 주신 것을 보고 그 비범한 능력과 열의에 감복하고 있습니다. 이렇게 훌륭하게 일을 하시는 분을 개인적으로 가까이할 수 있다면 얼마나 기쁠까 하고 생각하고 있습니다."

이처럼 '언행은 부드럽게, 그리고 의지는 굳게'를 시종일관 밀고 나간다

면 대개의 교섭은 성공적으로 이루어진다. 적어도 상대가 마음먹은 대로는
되지 않는다.

'북풍과 태양'의 이야기에서 배울 수 있는 자기 의지의 관철법

내가 '말과 행동은 부드럽게'를 강조하고 있지만, 그것이 온순하기만한
부드러움이 아니라는 것은 이제 너도 이해하고 있을 것이다. 그런 것은 아
니다. 자기 의견은 분명히 말해야 하며, 다른 사람의 의견이 틀렸다고 생각
되었을 때는 분명히 틀렸다고 말해야 한다.

내가 문제로 삼고 있는 것은 말하는 방법이다. 그것을 말할 때의 태도,
분위기, 용어를 선택하는 방법, 목소리 등을 모두 부드럽고 상냥하게 하라
는 것이다. 거기에는 안간힘이나 무리가 있어서는 안 된다. 자연스러워야
한다.

남과 다른 의견을 말할 때도 상냥하고 품위 있는 표정을 띠고, 단어도 부
드러운 것을 선택하면 좋다.

"제가 어떻게 생각하고 있는가를 물으신다면, 저는 이렇게 대답하겠습니
다. 하기야 그렇게 확신을 가지고 있는 것은 아닙니다만……"이라든가,
"확실히는 모릅니다만 아마 이런 뜻이 아닐까요……"라는 등의 말투이다.

연약한 말투라고 해서 설득력이 없는 것은 아니다. 도리어 북풍과 태양
의 이야기처럼, 상대의 마음을 틀림없이 사로잡을 것이다.

토론은 기분 좋게 끝내야 한다. 자기도 상처를 입지 않았고, 상대의 인격

을 손상시킬 생각도 없다는 것을 분명히 태도로 보여 줄 필요가 있다. 의견의 대립은 일시적이더라도, 서로를 멀리하게 만들기 때문이다.

'그까짓 태도쯤이야'라고 말할지 모르지만, 태도도 내용과 똑같이 중요할 때가 있는 것이다. 좋은 뜻으로 행한 것이 적을 만들고, 심술궂은 마음으로 한 것이 친구를 만들기도 하는 등, 태도 여하에 따라서 상대가 받아들이는 것이 달라진다.

표정, 말하는 방법, 용어의 선택, 발성, 품위 등 그러한 것들이 부드러우면 '언행은 부드럽게' 되고, 거기에 '강인한 의지'가 더해지면 위엄이 붙어 사람들의 마음을 틀림없이 사로잡게 될 것이다.

2

야무지지 않으면 살아갈 수 없다

 세상에는 다소 전략적일지 모르지만, 순박한 '살아가는 지혜' 같은 것이 있어, 그것을 알고 재빨리 실천한 자가 많은 사람들의 마음을 붙잡아 제일 먼저 출세한다고 말할 수 있지 않을까? 젊은이는 자칫 이런 것을 몹시 싫어하기 쉽지만, 내가 지금부터 너에게 이야기하려는 것도, 먼 훗날에 네가 '알아 두었더라면 좋았을걸' 하고 생각하게 될 것들의 하나이다.

살아가는 지혜의 근본은 뭐니뭐니해도 감정을 겉으로 내놓지 말 것, 말이나 동작이나 표정으로 마음이 동요하고 있다는 것을 간파당하지 않도록 하는 일이다. 그것을 간파당하면, 자기 조종이 능숙하고 냉정한 상대편의 뜻대로 되어 버린다. 이것은 직장 생활에 한정된 것이 아니다. 평상시의 생활에서도 자기도 모르게 상대에게 조종당할 가능성은 얼마든지 있다.

싫은 소리를 들으면 노골적으로 화를 내거나 표정을 바꾸는 사람, 기쁜 말을 들으면 뛸 듯이 기뻐하거나 표정이 풀어져 버리는 사람, 이런 사람은 교활한 인간이나 주제넘게 뽐내는 사람의 희생물이 되기 쉽다.

교활한 사람은 고의적으로 이쪽이 화를 낼 말을 하거나 기뻐할 말을 하고 반응을 살펴, 마음이 평온할 때 같으면 결코 누설하지 않는 비밀을 캐내려고 한다.

주제넘게 뽐내는 자도 마찬가지다. 다른 점은, 자기도 모르게 교활한 인간과 똑같은 짓을 하지만, 자기의 이익으로는 삼지 못하고 주위 사람들의 이익에 공헌한다는 점이다.

자신의 '성격'을 변명으로 이용하지 말라

냉정한가 그렇지 않은가는 하나의 성격이며, 의지의 힘으로는 어찌할 수 없는 것이 아니냐고 너는 의문을 가질지 모른다. 확실히, 냉정한가 그렇지 않은가는 성격의 탓인 경우가 많다. 그렇지만 우리들은 무엇이든지 성격의 탓으로 돌려 변명하는 경우는 없을까?

마음먹고 노력만 하면 조금은 개선할 수 있는 부분이 있다고 나는 생각한다. 보통 사람은 이성보다 성격을 우선시키는 습관이 굳어져 있을 뿐으로 노력하면 그 반대의 일, 곧 이성으로 성격을 억제하는 습관도 몸에 익힐 수 있는 것이라고 나는 생각한다.

만일, 갑자기 감정이 폭발할 듯하여 억제할 수 없게 되면 감정이 진정될 때까지 우선 입을 다물고 있는 것이 좋다. 얼굴 표정도 될 수 있는 대로 바꾸지 말아라. 평상시부터 명심하고 있으면 틀림없이 가능하게 된다.

자못 똑똑한 것 같은 말이나 재치 있는 말, 멋진 말 등을 무의식중에 하고 싶어지지만, 이런 말들은 일시적인 찬사는 받을지 몰라도 호의적으로 받아들여지지는 않는다. 도리어 적을 만들 뿐이다.

반대로, 만일 너를 빈정대는 말을 듣거든, 가장 좋은 방법은 못 들은 척하는 것이다. 직접 들었기 때문에 그렇게 할 수 없을 때는 그들과 덩달아 웃고 상대가 말한 내용을 인정하여, 재치 있는 비방 방법이라고 칭찬해 줌으로써 부드럽게 그 자리를 지나쳐 버리는 일이다. 무슨 일이 있어도 똑같은 방식으로 반격해서는 안 된다. 그런 짓을 한다면 자기가 상처 입었다는 것을 공표하는 것과 같은 것이어서, 모처럼의 수고도 물거품이 되어 버린다.

'속마음' 을 간파당해서는 좋은 일을 못한다

무슨 일을 교섭함에 있어서, 혈기 왕성한 인물을 상대할 때만큼 좋은 결과를 얻는 일은 없다. 상대편은 혈기가 왕성하기 때문에 사소한 일로 마음이 혼란스러워져서 터무니없는 말을 입 밖에 내거나, 표정에 나타내거나 한다. 그런 사람을 상대할 때는 여러 가지로 넘겨짚어서 표정을 관찰하면 된다. 반드시 그 진의를 알 수 있다. 비즈니스에서는 상대의 속마음을 읽을 수 있느냐 없느냐가 성공의 열쇠이다.

자기의 감정이나 표정을 숨길 수 없는 사람은, 그렇게 할 수 있는 사람의 손에서 놀아난다. 다른 모든 조건이 대등할 때조차도 그러하므로, 상대가 능수능란한 솜씨일 경우에는 더더욱 승산이 없다.

　'시치미를 떼라는 말씀입니까' 라고 너는 말할 것이다. 그렇지만 그렇게 하는 것은 잘못이 아니다. 옛날부터 전해 오는 격언 중에 '속마음을 간파당해서는 사람을 제압할 수는 없다' 는 것이 있다. 나는 더 극단적으로 이렇게 말하고 싶다. 속마음을 간파당해서는 일도 성취시킬 수 없다고.

　똑같이 시치미를 떼는 일이라도, 속마음을 간파당하지 않도록 시치미를 떼는 일과, 상대편을 속이기 위하여 시치미를 떼는 일과는 크게 다르다. 그리고 나쁜 것은 후자의 경우이다. 사람을 속이기 위해서 감정을 숨기는 것은 도덕에 어긋날 뿐만 아니라 비열한 행위라고 말하지 않을 수 없다.

　베이컨(Bacon; 1561~1626. 영국의 철학자, 정치가) 경도 다음과 같이 말하고 있다.

　"상대편을 속이는 것은 진정한 지적 인간이 할 일이 아니다. 속마음을 간파당하지 않기 위하여 감정을 감추는 것은 트럼프의 카드를 보이지 않는 것과 같지만, 상대편을 속이기 위하여 그렇게 하는 것은 상대편의 카드를 훔쳐보는 것과 다름없다."

　정치가인 볼링브로크 경(Bolingbroke; 1678~1751. 영국의 정치가, 문필가)도 그의 저서에서 다음과 같이 말하고 있다(이 책은 될 수 있는 대로 빠른 기회에 너에게 보낼 작정이다).

　"남을 속이기 위하여 감정을 감추는 것은 단검을 휘두르는 것과 같아 바람직하지 않은 행위일 뿐만 아니라 불법 행위이기도 하다. 단검을 사용하면, 그것에는 어떠한 정당한 이유도 변명도 통용되지 않는다."

한편, 속마음을 간파당하지 않도록 감정을 감추는 것은 방패를 드는 것과 마찬가지이며, 기밀을 보전하는 것은 갑옷을 입는 것과 같은 것이다. 일을 함에 있어서 어느 정도 감정을 감추지 않으면 기밀을 보전할 수 없고, 기밀을 보전할 수 없으면 일이 잘 되지 않는다. 그런 뜻에서는 귀금속에 합금을 섞어서 주화를 주조하는 기술과 흡사하다.

합금을 조금 섞는 것은 필요하지만 너무 지나치게 섞으면(비밀주의가 지나쳐 교활이 되고) 주화는 통화로서의 가치를 잃고, 주조자의 신용도 떨어져 버린다.

마음 속에 감정의 폭풍이 아무리 거칠게 불어도 그것을 얼굴이나 말에 나타내지 않도록, 완전히 자기의 감정을 감출 수 있도록 노력하라. 힘든 일이지만 할 수 없는 일은 아니다. 지성 있는 인간은 불가능에는 도전하지 않지만, 아무리 곤란한 일이라도 추구할 가치가 있는 일이라면 두 배의 노력을 하더라도 반드시 해 내는 법이다. 너도 분발해 주기 바란다.

3

'용서받을 수 있는 거짓말'을
재치 있게 사용할 수 있어야
제몫을 하는 인간이 된다

모르는 체한다는 것은 때로는 크게 도움이 되는 지혜가 아닐까?

예를 들어, 누군가가 무슨 이야기를 하려고 할 때, 모르는 체한다. 그 사람이 묻는다.

"이런 이야기 아십니까?"

너는 대답한다.

"아뇨."

설령 알고 있더라도 모르는 체하여 상대편이 계속 이야기하도록 한다.

이야기하는 것에 기쁨을 느끼는 사람도 있을 것이다. 지적인 발견을 이야기하고, 그것으로 자존심을 만족시키고 싶은 사람도 있을 것이다. 이런 중요한 이야기를 들려줄 만큼 자기는 신뢰를 받고 있다는 것을 표시하고 싶어서 지껄이는 사람도 있을 것이다(이것이 대부분일지도 모른다).

"이런 이야기 아십니까?"라고 질문을 받았을 때, 네가 "예" 하고 대답해 버리면, 그 사람은 실망해 버릴 것이다. 그리고 결국은, '눈치가 없는 사람'이라 하여 상대하기 싫어하게 된다.

개인적인 중상이나 추문은 귀에 못이 박힐 정도로 들었더라도, 마음을 터놓을 수 있는 친구가 아니라면 들은 일이 없는 척하는 것이 좋다. 이런 경우, 대개는 듣는 쪽도 이야기하는 쪽과 똑같이 나쁘다고 여겨지기 쉽다. 그러므로 그런 화제가 오르면, 실은 다 알고 있는 이야기라 할지라도 항상 회의적인 척 가장하고, 정상 참작의 의견 쪽에 붙는 편이 좋다.

이처럼, 언제나 아무것도 모른다는 것으로 해 두면, 우연히 정말로 몰랐던 정보를 완벽하게 듣게 되는 일도 있을 것이다. 그리고 실은 이것이 정보를 수집하는 최고의 방법이기도 한 것이다.

무적의 아킬레우스도 싸움터에 나갈 때는 '완전 무장'을 했다

대개의 인간은 아무리 시시한 일에 관해서도, 단 일순간이라도 우위에 서서 허영심을 만족시키고자 원하는 법이다. 그래서 사실은 말해서는 안 되는 일이라도, 상대편이 모르는 것을 자기가 가르칠 수 있다는 것을 과시하고 싶어서 그만 입을 잘못 열고 지껄인다.

그럴 때, 모르는 척 가장하고 시치미를 떼면 정보를 얻을 수 있는 일 이외에도 득을 보는 일이 있다. 정보를 입수하는 일에 무관심하다고 간주되

어, 그 결과 음모나 나쁜 계략과는 아무 관련이 없는 인물이라고 상대는 믿게 된다.

그렇다고는 하지만 정보는 수집해야 한다. 어설피 들은 정보는 자세히 조사하지 않으면 안 된다. 정보를 수집할 때는 현명한 방법을 취해야 한다. 항상 또는 처음부터 끝까지 귀를 곤두세우거나, 직접 질문하는 것은 현명한 방법이 아니다. 그런 짓을 하면 상대편은 경계 자세를 취하고, 똑같은 이야기를 몇 번이고 되풀이하게 되어 시시한 정보밖에 얻을 수 없게 된다.

모르는 척 시치미를 떼는 것과는 반대로, 당연히 모든 것을 알고 있는 척하는 것도 때로는 효과가 있다. 그래, 바로 그렇다고 친절하게 모든 것을 이야기해 주는 사람이 있는가 하면, 이런 이야기 들었는지 모르지만 사실은…… 하고 말해 주는 사람도 있다. 모르는 것은 그 밖에 또 없느냐 하고 이것저것 캐물으면서 정보를 제공해 주는 사람도 있다.

이러한 생활의 지혜를 능수능란하게 활용하기 위해서는 항상 자신이나 자신의 신변에도 주의를 기울이고 냉정하지 않으면 안 된다.

무적이었던 아킬레우스(Achilleus; 그리스 신화에 나오는 신)도 싸움터로 나갈 때는 완전 무장하였다. 사회는 너에게는 싸움터와 다름없다. 항상 완전 무장하고, 또한 약점에는 갑옷을 한 벌 더 겹쳐 입을 정도의 마음 자세가 있어야 한다. 조그마한 부주의, 사소한 방심이 목숨을 빼앗아 간다.

4

사회에서는 '친분 관계'도
네 실력의 하나이다

 이 편지는 몽펠리에에 머무르고 있
는 너에게 배달될 것이라고 생각한다.
원컨대, 몽펠리에에 있는 하트 씨의 병
도 완쾌하여 크리스마스 전에는 파리
에 도착하기를 기도하고 있다. 파리에
서는 꼭 너에게 소개하고 싶은 분이 두 분 있다. 두 분 다 영국 사람인데 주
목할 만한 분들이다. 그 분들과 친숙하게 교제하도록 권하고 싶다.

한 분은 여성이다. 그렇다고 해서 이성으로 친숙한 관계를 맺으라고 말
하는 것은 아니다. 그 문제는 내가 관여할 바 아니다. 게다가 유감이지만
그 여성은 나이가 50세가 넘어 있다. 전에 너에게 디종까지 가서 만나 뵙고
오라고 말했던 하비 부인이다. 다행히도 파리에서 이번 겨울을 지내신다고
한다.

이 부인은 궁정에서 태어나 궁정에서 자랐으며, 궁정의 시시한 부분을 제외한 좋은 부분—예의바름, 품위, 친절함과 같은 것을 다 갖추고 계시다. 식견도 높고 여성으로서 읽어야 할 책은 모두 읽었을 뿐만 아니라, 필요 이상으로 읽으셨다. 라틴어도 자유자재로 구사하신다. 남의 눈에 띄지 않도록 능숙하게 감추고 있지만, 그녀는 너를 자기 자식처럼 대해 주실 것이다. 너도 그 부인을 나의 대리인으로 생각하고, 무엇이든 의지하고 상의하며 부탁드리면 된다. 그 부인처럼 모든 것을 갖추고 있는 여성은 없다고 나는 확신하고 있다.

너의 응답하는 방법이나 언행, 예법 등에 부족한 점, 부적당한 점 등이 있으면, 그 때마다 지적해 주시도록 부탁해라. 온 유럽을 다 찾아도, 그 부인만큼 이 역할을 확실하게 해낼 수 있는 분은 없다고 생각한다.

너에게 소개하고 싶은 또 한 분은, 너도 다소 알고 있는 한팅던(Hantingdon ; 1696~1764) 백작이다.

내가 너 다음으로 애정을 쏟고 높이 평가하고 있는 인물인데, 나를 양아버지처럼 따라 주고 있으며, 또 사실(기쁘게도) 나를 그렇게 불러 주고 있다. 그는 우수한 자질과 광범한 지식을 갖추고 있으며, 만일 그것에 성격을 합하여 종합 평가를 한다면, 이 나라에서 제일가는 훌륭한 청년이라고 생각한다.

이러한 인물과 친숙하게 지내면 언젠가는 반드시 좋은 일이 있을 것이다. 게다가 그도 나의 심정을 헤아리고 너와 친숙하게 지낼 생각을 하고 있다. 너를 위해서도 두 사람이 관계를 긴밀히 하고, 그 이용 가치를 높여 주기를 원하고 있으며, 또 그렇게 할 수 있을 것으로 믿고 있다.

두 가지의 친분 관계를 슬기롭게 이용하라

우리들의 이 사회에서는 연고 관계가 필요하다. 신중하게 관계를 구축하고 그것을 잘 유지할 수 있으면, 그러한 친분 관계를 가진 자의 성공은 틀림없다.

친분 관계에는 두 가지가 있다. 너는 그 차이를 항상 염두에 두고 행동하기 바란다.

첫째는, 대등한 연고 관계이다. 이것은 소질도 역량도 거의 비슷한 두 사람이 구축하는 호혜적인 관계로서 비교적 자유로운 교류와 정보 교환이 이루어진다. 이것은 서로의 능력을 인정하고, 상대편이 자기를 위해서 자진하여 힘써 준다는 확신이 없으면 성립되지 않는다. 그 밑바탕에 흐르고 있는 것은 상대편에 대한 존경심이다.

거기에는 때로 서로의 이해 관계가 대립되는 일이 있더라도 결코 파괴되지 않는 상호 의존 관계가 있어서, 이해가 대립되어도 조금씩 서로 양보하면 최종적으로 합의가 이루어지고 통일 행동을 취하게 된다.

내가 헌팅던 백작과 너에게 바라고 있는 것은 이 관계이다. 두 사람 모두 거의 같은 시기에 사회에 진출한다. 그 때, 너에게 백작과 거의 대등한 능력과 집중력이 있으면, 너희들은 다른 젊은이들과도 손을 잡고, 모든 행정 기관이 무시할 수 없는 집단을 결성할 수 있을 것이며, 또 그렇게 함으로써 함께 위로 뻗어 올라갈 수 있게 될 것이다.

또 하나는 대등하지 않은 연고 관계이다. 한쪽에는 지위나 재산이 있고, 또 한쪽에는 소질과 능력이 있다고 하는 경우가 그것이다. 이 관계에서는 은혜를 받을 수 있는 것은 한쪽뿐이고, 그 은혜도 표면에 나타나지 않도록 교묘하게 덮여져 있는 경우가 많다.

은혜를 받는 쪽은 상대편의 비위를 맞추고 그의 마음에 들도록 행동하며 상대편의 우월감을 꾹 참고 있다. 은혜를 베푸는 쪽은 핵심을 조종당하여 머리가 말을 듣지 않는 상태로, 자기로서는 상대편을 잘 조종하고 있는 줄 알고 있지만, 사실은 자기 혼자만 그렇게 생각하고 있을 뿐, 상대편이 마음 먹은 대로 춤추고 있다. 이런 사람은 교묘하게 조종만 한다면 조종하는 쪽에 커다란 이익을 가져다 주는 경우가 많다.

이러한 예에 대해서는 전에 한 번 너에게 편지 쓴 일이 있다고 생각되는데, 그 밖에도 20~30가지의 비슷한 예가 있다. 그 정도로 한쪽에만 이익을 가져다 주는 이 관계는 일반화되어 있다고 할 수 있을 것이다.

5

라이벌에게 어떻게 하면
이길 수 있는가?

자기가 싫어하는 사람을 사려 깊은 태도로 대하기 위해서는 어떻게 하면 좋은가를 알아 두는 것은 무엇보다도 중요한 일이다.

그런데 그것을 알고 있어도, 막상 실천하려고 하면 여간해서 잘 되지 않는 것이 젊은이들이다. 그들은 하찮은 일로 흥분하여 앞뒤를 가리지 못하게 되어 버린다. 직장 생활이나 연애 문제에 있어서도 그렇지만, 자기 생각을 비판하는 말을 들으면, 당장에 상대를 싫어하게 되기 쉽다.

젊은이들에게는 라이벌도 적과 다름없다. 라이벌이 눈앞에 나타나면 고작 노력해서 잘 행동한다 해도 어색하고 냉담한 태도, 대개는 무례한 태도를 취하고 어떻게 해서든지 상대편을 때려눕힐 방법은 없을까 하고 생각한다.

이것은 터무니없는 논법이다. 상대에게도 좋아하는 일이나 여성을 선택할 권리가 있다. 게다가 그런 짓을 하는 것은 통찰력이 부족한 증거이다. 라이벌에게 냉담하게 대한다고 해서, 자기 소원이 성취되는 것은 아니다. 그렇게 되기는커녕 라이벌끼리 으르렁대고 싸우고 있는 틈에 제3자가 들어와서 알맹이를 빼앗아가는 일도 종종 일어날 수 있다.

물론 사태는 그리 단순하지는 않을 것이다. 그것은 인정한다. 어느 쪽도 그리 간단하게 방향 전환할 수 있는 것도 아니고, 일이든 연애든, 간섭받기를 별로 원치 않는 미묘한 문제임에는 틀림없다. 그렇지만 원인은 제거할 수 없다 하더라도 결과가 어떻게 될 것인가 정도는 알 수 있을 것이다

가령 두 사람의 연적이 서로 노려보고 있다고 하자. 두 사람이 서로 불쾌한 얼굴을 하고 외면하거나 욕지거리를 하고 있으면, 그 자리에 있던 사람들은 틀림없이 불쾌한 마음이 들 것이다. 그리고 그들이 사랑하는 여성도 불쾌한 생각을 갖게 될 것이다.

그렇지만 어느 쪽이든 한쪽이, 진심은 어쨌든간에 표면적으로는 연적에게 상냥하고 자연스럽게 대할 수 있다면 어떻게 될 것인가? 다른 한쪽의 인물이 초라하게 보여, 사랑하는 여성은 상냥하게 응대하는 쪽에 호의를 갖게 될 것이다. 한편, 상냥한 응대를 받은 쪽은 상냥한 태도를 자신감의 표현이라고 해석하여, 그 여성을 책망할 것임에 틀림없다. 그러면 그 여성도 그러한 이성 없는 태도에 화를 내어, 두 사람 사이는 벌어질 것이다.

좋은 라이벌의 존재가 일을 성공시키는 열쇠가 된다

일의 라이벌도 마찬가지다. 자기의 감정을 누르고 겉으로 냉정해질 수 있는 사람이 라이벌을 이길 수 있다.

프랑스 사람들은 '은근한 태도'라는 말을 즐겨 쓰는데, 이것은 연적에게 혐오감을 노골적으로 나타내는 마음이 좁은 인간에게는 각별히 상냥한 태도로 대하라는 뜻이다. 알기 쉽게 설명하기 위해서 나의 경험담을 이야기하자. 네가 똑같은 상황에 서게 되었을 때, 기억해 내어 도움이 되기 바란다.

내가 네덜란드의 헤이그에 가서, 오스트리아 계승 전쟁에 대한 전면 참전을 요청하고, 구체적으로 군대의 수를 결정하는 등의 교섭을 성사시키고 돌아왔을 때의 이야기다.

헤이그에는 너도 잘 알고 있는 대수도원장이 있었는데, 그는 프랑스 편에 서서 어떻게 해서든지 네덜란드의 참전을 저지하려 하고 있었다. 나는 이 대수도원장이 두뇌가 명석하고 마음도 따뜻하며 근면한 인물이라는 말을 듣고서, 서로 오랜 숙적으로 깊게 친교할 수 없는 처지를 몹시 유감스럽게 생각하였던 것이다. 그렇지만 제3자가 마련한 어떤 자리에서 처음으로 그를 보았을 때, 나는 어떤 인물을 통해서 소개받고 이렇게 말하였다.

"나라끼리는 서로 적대 관계에 있습니다만, 우리들이라면 그것을 초월하여 서로 가까이 지낼 수 있다고 생각하고 있습니다."

그랬더니 대수도원장도, "저도 그렇게 생각합니다"라고 정중한 태도로 대답해 주었다.

그로부터 이틀 후였는데, 내가 아침 일찍 암스테르담 의회에 나가 보니,

그 곳에는 이미 대수도원장이 나와 있었다. 나는 대수도원장과 면식이 있다는 것을 대의원들에게 이야기하고서 부드러운 미소를 지으며 이렇게 말하였다.

"나의 오랜 숙적이 여기에 있는 것을 보고 대단히 유감스럽게 생각하고 있습니다. 이렇게 말씀드리는 것은 이 분의 능력은 이미 나에게 공포심을 품게 하고 있기 때문입니다. 이래 가지고는 공평한 싸움이 되지 않습니다. 부디 이 분의 힘에 굴복하지 말고 이 나라의 이익만을 생각하시도록 부탁드립니다."

이 날, 이 말을 모두 하지는 못했다 하더라도, 마지막의 한 마디만은 무슨 일이 있어도 해야 했었다고 생각한다.

나의 말에 그 자리에 있던 사람 모두가 미소지었다. 대수도원장도 나로부터 정중한 찬사를 받은 것이 그리 싫지 않은 모양이었고, 15분쯤 지나자 나를 남기고 그 자리를 떠났다.

나는 설득을 계속하였다. 전과 다름없는 태도로, 그렇지만 전보다는 더 진지하게.

"내가 여기에 온 이유는 네덜란드의 국가 이익을 위해서, 오직 그것뿐입니다. 나의 친구는 여러분의 눈을 현혹시키기 위해서 허식이 필요했습니다. 그렇지만 나는 일체 그런 것을 벗어던지고 말씀드리고자 합니다."

나는 목적을 달성하였다. 그리고 그 후 대수도원장과도 똑같은 상태로 교제하고 있다. 제3자가 마련한 장소에서 만났을 때도 물론이지만, 지금도 변함없이 뽐내지 않는 정중한 태도로 대하면서 그의 근황 등을 묻고 있다.

'남자'로서의 떳떳한 처신법

어엿한 한 사람의 훌륭한 인간이 라이벌에 대해서 취하는 태도에는 두 가지가 있다. 극단적으로 상냥하게 대하든가, 아니면 그를 때려 눕혀 버리는 일이다.

만일 상대가 갖가지 술수로 고의적으로 너를 모욕하거나 경멸한다면 주저할 것 없다. 때려 눕혀도 좋다. 그렇지만 마음의 상처를 입은 정도라면 표면상은 극히 예의 바르게 행동할 일이다. 그렇게 하는 것이 상대에 대한 복수가 되고, 아마 자신을 위한 일도 될 것이다.

이것은 상대편을 속이는 일이 아니다. 네가 그 사람의 가치를 인정하고 친구가 되고 싶다면, 비겁한 태도일지 모르지만, 그런 사람하고는 친구가 되지 않는 것이 좋고, 또 나는 친구가 되라고 권하지 않겠다.

공적인 자리에서 노골적으로 실례되는 태도를 취하는 사람에게 정중하게 이야기한다 해서 책망받을 리는 없다. 보통은 그 자리를 원만하게 수습하고, 주위에 있는 사람에게 불쾌감을 주지 않도록 노력하고 있을 뿐이라고 보아 줄 것이다. 세상에는 개인적인 취미나 질투 때문에 시민 생활을 교란시켜서는 안 된다는 약속 같은 것이 있기 때문이다. 그것을 태연히 침해하는 자는 세상 사람들의 웃음거리가 되어 동정을 받지 못한다.

사회는 심술궂음, 증오, 원한, 질투 등이 소용돌이치는 곳이다. 노력가보다는 적지만, 열매만을 따가는 교활한 인간도 있다. 또 흥망성쇠도 심하다. 오늘 흥했는가 싶으면, 내일 망해 버린다.

이런 속에서는, 예의 바름이나 부드러운 언행이라든가 하는 등의 실질과는 별로 관계없는 장비를 몸에 지니고 있지 않으면 살아 남기 어렵다. 같은 편이 언제 적이 될지 모르며, 적도 언제 같은 편이 될지 모른다. 바로 그렇기 때문에, 마음 속으로 미워하면서 겉으로는 상냥하게 대하고, 사랑하면서 신중을 기하는 것이 필요하다.

6

내 아들에게 주는 또 하나의
충고

 이미 너는 사회인으로서의 첫 발을 내디뎠다. 언젠가는 네가 대성하기를 나는 간절히 바라고 있다. 이 세계에서는 실천이 무엇보다 훌륭한 공부이다. 그러나 동시에 모든 것에 대한 배려와 집중력이 필요하다.

이를테면, 편지 쓰는 일을 예로 들어 너에 대한 도움말의 총정리로 삼고 싶다. 이것에는 사회인의 상식으로서 몸에 지녀야 할 요소가 잘 집약되어 있다고 생각하기 때문이다.

첫째, 비즈니스 레터를 쓸 때는 명석해야 한다는 것이 중요하다. 세상에서 가장 머리가 우둔한 사람이 읽어도 뜻을 잘못 이해하거나 몰라서 처음부터 다시 읽는 일이 없을 정도로 명확하게 쓰지 않으면 안 된다. 그러기 위해서는 정확성이 필요하다. 품위가 있다면 더할 나위 없다.

비즈니스 레터에서는, 일반적인 사신(私信)에서 상대방이 좋아하는(물론 정확하게 사용될 경우의 이야기지만) 은유나 비유, 대조법, 경구 등을 사용하는 것은, 어울리지 않는 느낌이 들어 이상하다. 차라리 산뜻하고 품위 있게 정리되어 있고, 구석구석까지 배려가 빈틈없이 미치고 있는 것이 바람직하다. 복장에 비유해서 말하자면 정장은 좋은 느낌을 주지만, 지나치게 화려하게 입거나 단정치 못한 것은 좋은 느낌을 주지 않는다.

또 자기가 문장을 쓰면, 단락마다 제3자의 눈으로 다시 읽어 보아 다른 뜻으로 받아들여질 염려가 있는 대목은 없는지 점검해야 한다.

대명사나 지시 대명사에는 주의하는 것이 좋다. '그것', '이것', '본인' 등등을 많이 사용하여 오해를 초래할 정도라면, 다소 길어지더라도 명백히 'XX씨', '○○의 건'이라고 명시하는 편이 좋다.

비즈니스 레터라고 해서, 정중함이나 예의를 무시해도 좋다는 법은 없다. 도리어 "귀하를 알게 되어 영광……"라든가 "저의 의견을 말씀드리자면……"처럼 경의를 표하는 것이 불가결이다.

해외에 있는 외교관은 국내에 편지를 보낼 때는 대개 윗사람인 각료나 지원자(또는 지원자가 되어 주기를 바라는 사람)에게 쓰는 일이 많으므로 특히 이 점에는 주의하지 않으면 안 된다.

편지지를 접는 법, 봉함을 하는 법, 수신인의 주소·성명 쓰는 법, 그런 것에도 그 사람의 인격이 나타나는 법이다. 좋은 인상을 주는 것, 나쁜 인상을 주는 것 등등 여러 가지가 있다. 너는 그렇게 생각하고 있지 않는 것 같지만, 그러한 점에까지 배려하는 것을 잊지 않도록 해라.

비즈니스 레터에 반드시 필요한 것은 아니지만, 있는 편이 바람직한 것이 품격이다. 화사하지 않고 글씨를 잘 써야 한다는 것은 그런 뜻에서 중요한 요소이다. 그렇지만 이것은 비즈니스 레터로서는 끝마무리라고 말할 수 있는 것이므로, 아직 토대가 완성되어 있지 않는 너에게 이런 장식적인 부분까지 신경 쓰라고 하는 것은 지금은 삼가기로 하겠다.

문자나 문체를 지나치게 장식하면 역효과가 난다. 간소하면서도 고상하며, 또한 위엄을 느끼게 하는 것이 가장 좋다. 그러한 편지를 쓰도록 유의해야 한다.

문장의 길이는 너무 길어도 안 되고 너무 짧아도 안 된다. 의미가 불명료하게 되지 않을 정도의 길이가 바람직하다. 너는 곧잘 맞춤법을 틀리는데 그것도 비웃음을 사는 원인이다. 조심해라.

네 글씨가 왜 그렇게 지저분한지, 나는 도저히 이해할 수 없다. 보통으로 눈과 손을 사용할 수 있는 사람은 아름다운 글씨를 쓸 수 있다고 생각하는데 말이다. 나로서는 네가 글씨를 좀 더 잘 쓰게 되기를 기도 드릴 수밖에 없다.

'작은 일에 있어서는 통 큰 자, 큰 일에 있어서는 소심한 자'가 되지 말라

나는 네가 글씨본처럼 한 자 한 자 신중하게, 긴장해서 쓰라고 하는 것은 아니다. 사회인은 빨리 아름답게 쓸 수 있어야 한다. 그러기 위해서는 실천이 있을 뿐이다.

지금, 아름다운 글씨를 쓰는 습관을 몸에 익혀 두는 것이 좋다. 그렇게

하면 신분이 높은 사람에게 편지를 쓸 필요가 생겼을 때도, 글씨와 같은 사소한 것에 걱정을 하지 않고 내용에만 정신을 집중시킬 수 있을 것이다.

젊었을 때의 수업이 부족했기 때문에, 유사시에는 작은 일에 마음을 빼앗긴 나머지 큰 일을 다룰 능력이 없어져서 사람들의 비웃음을 산 사나이가 있다. 이 인물은 '작은 일에 있어서는 통 큰 자, 큰 일에 있어서는 소심한 자'라고 불렸다고 한다. 큰 일에 대처해야 할 마음을 빼앗겼기 때문이다.

너는 지금, 작은 일에만 대처하는 시기에 있고 또 그런 지위에 있다. 지금 작은 일을 잘 마무리짓는 습관을 몸에 익혀 두는 것이 좋다. 머지않아 너에게도 큰 일이 맡겨질 때가 올지 모른다. 그 때가 되어서 작은 일에 걱정을 하지 않아도 될 수 있도록 지금부터 준비를 해 두어야 한다.

옮긴이 **권오갑**(權五甲)

일본 서남학원(西南學院)대학 대학원 신학전공과 졸업
미국 Christian Bible College(Extension) 졸업
한국침례신학대학교 조교수 · 수도침례신학대학교 부교수 겸 도서관장 역임
현재 침례교회 목사
역서 〈내 인생 내가 선택하며 산다〉, 〈타고난 내 운명 이렇게 바꾼다〉,
〈기독교교리〉, 〈기독교종교철학의 제문제〉, 〈대성서〉 외 다수

내 아들아 너는 인생을
이렇게 **살아라**

초판 제 1쇄 발행 | 1989년 2월 1일
초판 제49쇄 발행 | 2001년 1월 10일
개정판 제1쇄 발행 | 2001년 2월 20일
개정판 제17쇄 발행 | 2004년 10월 30일

지은이 | 필립 체스터필드
옮긴이 | 권오갑
펴낸이 | 정진숙
펴낸곳 | (주)을유문화사

등록번호 | 1-292
등록날짜 | 1950. 11. 1
주소 | 서울시 종로구 수송동 46-1
전화 | 734-3515, 733-8151~3
FAX | 732-9154
E-Mail | eulyoo@chollian.net
        ey@eulyoo.co.kr
인터넷 홈페이지 | www.eulyoo.co.kr

값 7,000원

ISBN 89-324-6116-3 03890